Theo Lehmann
Verrückt vor Liebe

Theo Lehmann

Verrückt vor Liebe

aussaat

Verlagsgesellschaft des Erziehungsvereins mbH, Neukirchen-Vluyn
www.nvg-medien.de
Umschlaggestaltung: Hartmut Namislow
Satz und Druckvorlage: Hans Hegner
Gesamtherstellung: Fuck-Druck, Koblenz
Printed in Germany
ISBN 978-3-7615-5577-4
Bestell-Nr. 155 577

Inhalt

Verrückt vor Liebe

Matthäus 22, Verse 1-14:

(1) Und Jesus fing an und redete abermals in Gleichnissen zu ihnen und sprach. (2) Das Himmelreich ist gleich einem König, der seinem Sohn die Hochzeit ausrichtet. (3) Und er sandte seine Knechte aus, die Gäste zur Hochzeit zu laden; doch sie wollten nicht kommen. (4) Abermals sandte er Knechte aus und sprach: Siehe, meine Mahlzeit habe ich bereitet, meine Ochsen und mein Mastvieh ist geschlachtet, und alles ist bereit; kommt zur Hochzeit! (5) Aber sie verachteten das und gingen weg, einer auf seinen Acker, der andere an sein Geschäft. (6) Einige aber ergriffen seine Knechte, verhöhnten und töteten sie. (7) Da wurde der König zornig und schickte seine Heere aus und brachte diese Mörder um und zündete ihre Stadt an. (8) Da sprach er zu seinen Knechten: Die Hochzeit ist zwar bereit, aber die Gäste waren's nicht wert. (9) Darum geht hinaus auf die Straßen und ladet zur Hochzeit ein, wen ihr findet. (10) Und die Knechte gingen auf die Straßen hinaus und brachten zusammen, wen sie fanden, Böse und Gute; und die Tische wurden alle voll. (11) Da ging der König hinein, sich die Gäste anzusehen, und sah da einen Menschen, der hatte kein hochzeitliches Gewand an, (12) und sprach zu ihm: Freund, wie bist du hier hereingekommen und hast doch kein hochzeitliches Gewand an? Er aber verstummte. (13) Da sprach der König zu seinen Dienern: Bindet ihm die Hände und Füße und werft ihn in die Finsternis hinaus! Da wird Heulen und Zähneklappern sein. (14) Denn viele sind berufen, aber wenige sind auserwählt.

Die Juden erzählen sich folgende Geschichte: Ein Jude lädt einen anderen zur Hochzeit ein und sagt, »Weißt du eigentlich, wo ich wohne? Nein? Dann pass auf: Ich wohne in der Webergasse 11, da gehst du in den Hof und im Hinterhaus die Treppe rauf bis zum zweiten Stock. Dann gehst du den Gang bis ganz hinten, und dahinten, auf der rechten Seite, die vorletzte Tür – da wohne ich. Da klopfst du dann kräftig mit dem Fuß an die Türe.«
»Wieso mit dem Fuß?«
»Na, du wirst doch wohl nicht mit leeren Händen kommen!«
Jesus hat auch mal so eine Geschichte erzählt. Da lädt auch ein Mann, ein König, zur Hochzeit seines Sohnes ein, aber da ist die Pointe der Geschichte genau umgedreht Die Gäste sollen mit leeren Händen kommen. Das klingt schon ziemlich unwahrscheinlich, überhaupt ist die ganze Geschichte, die Jesus erzählt, absolut unwahrscheinlich.
Da war also einmal ein König, der seinem Sohn die Hochzeit ausrichtete, und »er sandte seine Knechte aus, dass sie die Gäste zur Hochzeit riefen; und sie wollten nicht kommen. Da sandte er andere Knechte aus und sprach: Sagt den Gästen: Siehe, meine Mahlzeit habe ich bereitet, meine Ochsen und mein Mastvieh ist geschlachtet und alles ist bereit; kommt zur Hochzeit! Aber sie verachteten das und gingen hin, einer auf seinen Acker, der andere in seinen Laden, etliche aber griffen seine Knechte, höhnten und töteten sie.«

Zum großen Fest geladen

Also, wenn du von der Polizei vorgeladen wirst, bist du vermutlich nicht besonders begeistert. Aber eine Hochzeit – das ist ja nun was anderes. Außerdem ist eine Einladung keine Vorladung, und überhaupt: Eine Hochzeit, zumal bei einem Prominenten, die lässt man sich doch nicht entgehen, da geht man doch hin, schon wegen der Fresserei, na, ist doch klar. Da würde doch jeder hinrennen!

Und eben deshalb ist es so unwahrscheinlich, dass die Leute in unserer Geschichte nicht wollen. Es ist unwahrscheinlich, dass der König sich das gefallen lässt und ein zweites Mal einlädt. Es ist unwahrscheinlich, dass die Leute so unhöflich sind, auf eine höfliche Einladung so eiskalt zu reagieren. Und es ist unwahrscheinlich, dass sie sich über die Boten, die die Einladung überbringen, lustig machen und sie sogar umbringen.
An dieser Stelle reagiert der König mal so, wie wir alle reagieren würden (Vers 7): »Da wurde der König zornig und schickte seine Heere aus und brachte diese Mörder um.«

Wildfremdes Gesocks bei der Familienfeier

Dass der König hier mal zulangt, finden wir ganz normal. Aber alles, was dann kommt, ist wieder ganz unwahrscheinlich. Er schickt nämlich neue Boten aus mit dem Befehl: »Geht hin auf die Straßen und ladet zur Hochzeit, wen ihr findet!«
Na, wie find ich denn so was? Man ist ja von prominenten Leuten allerhand Verrücktheiten gewöhnt – im Sekt baden oder im Smoking in den Swimmingpool hopsen –, aber dass sich einer wildfremdes Gesocks zur Familienfeier einlädt, das dürfte ziemlich unwahrscheinlich sein. Da weiß man ja überhaupt nicht, ob die sich wenigstens benehmen können, vielleicht rülpsen die nach dem Essen, oder es fehlen hinterher ein paar Silberlöffel. Also irgendwelche x-beliebigen Nasen von den Straßen einladen – so was gibt's überhaupt nicht!
Doch, sagt Jesus, so was gibt's. Diese Geschichte passiert täglich tausendfach. Es ist einfach eine Geschichte aus dem Alltag Gottes. Jesus hat nämlich seine Geschichte angefangen mit dem Satz: »Das Reich Gottes ist wie ein König, der seinem Sohn Hochzeit machte.« Jesus will damit sagen: Genauso unwahrscheinlich wie dieser König benimmt sich Gott ge-

genüber den Menschen. So großzügig, so geduldig, so verrückt ist Gott. Gott ist verrückt vor Liebe, vor Liebe nach uns Menschen. Der lädt uns alle zu sich ein, ausnahmslos, bedingungslos. Und genauso unwahrscheinlich, unverschämt und unmöglich wie die Leute in der Geschichte benehmen sich die Menschen Gott gegenüber, Was du dir sonst bei keinem rausnehmen würdest, das erlaubst du dir bei Gott ohne weiteres. Er hat dir seine Einladung ja bereits schriftlich zugehen lassen, er hat dir einen Brief geschickt, einen Liebesbrief, die Bibel nämlich. Da steht z.B. drin (Jer 31,3): »Ich habe dich schon immer geliebt!« Hast du das schon mal gelesen?

Keine Lust

Gott, der Schöpfer des Weltalls, schreibt dir einen Brief, und du hast keine Lust zu lesen. Gott, der Herr des Universums, lädt dich zu sich ein, und du hast keine Zeit zu kommen. Mensch, es ist doch nicht irgendeine Schwarte, die ich dir empfehle, es ist das WORT GOTTES! Es ist doch nicht irgendein Knilch, zu dem ich dich einlade, es ist GOTT! Es ist doch nicht irgendeine Fete, zu der du kommen sollst, es ist das EWIGE LEBEN! Es ist doch eine Ehre für dich, von Gott eingeladen zu werden.
Bei einem gewöhnlichen Menschen kannst du in so einem Fall ja machen, was du willst. Aber eine königliche Einladung ist ein Befehl, dem man auf eigene Gefahr hin ungehorsam ist. Das solltest du bedenken, wenn du heute die Einladung wieder ausschlägst.
In der Geschichte, wie sie Jesus erzählt, ist es so, dass die Eingeladenen alle was anderes vorhaben. Der eine geht auf seinen Acker, der andere in seine Werkstatt. Es ist gar nicht gesagt, dass das der Schrebergarten oder der Hobbyraum war, sondern die hatten sicher echt zu tun. Arbeit muss sein. Hobby muss sein. Nichts dagegen zu sagen, sagt Gott auch nichts da-

gegen – aber wenn die Arbeit als Grund vorgeschoben wird, keine Zeit für Gott zu haben, dann ist was faul. Was die Leute davon abhält, zu Gott zu kommen, ist nicht die Faulheit, sondern die Arbeitswut. Sind meistens keine negativen Dinge, sondern gerade gute, hochanständige Dinge.

Uninteressiert und gleichgültig

In unserer Geschichte sind die, die die Einladung ablehnen, nicht die Faulpelze, Rumtreiber und Gammler, sondern die fleißigen Bürger, die vor lauter Arbeit und Anständigkeit einfach keine Zeit für was anderes haben. Es hat halt jeder genug mit sich selber zu tun, und die wenigsten haben wirklich echt was gegen Gott. Ich kenne jedenfalls nur wenige, die grundsätzlich bewusst und aktiv gegen Gott sind. Die meisten, die ich kenne, sind einfach uninteressiert. Sind nicht prinzipiell dagegen, haben aber auch speziell nichts dafür übrig. So richtig kämpferische Atheisten findet man selten. Den meisten ist Gott ganz einfach schnuppe. Die nehmen ihn einfach nicht ernst. Die gehen einfach zur Tagesordnung über. Gott? Lass mich in Ruhe, kein Bedarf! Diese Gleichgültigkeit ist viel schlimmer als eine bewusste Feindschaft oder Ablehnung. Manchmal habe ich gedacht, diese Gleichgültigkeit wäre die große Gefahr unserer Zeit. Aber offenbar waren die Menschen zur Zeit Jesu auch schon so. Sonst hätte er nicht gesagt (Offb 3,15): »Ich weiß, dass ihr weder warm noch kalt seid. Wenn ihr wenigstens eines von beiden wärt! Aber ihr seid weder warm noch kalt; ihr seid lauwarm. Darum werde ich euch aus meinem Munde ausspucken.«

Eine Willensfrage

Bei uns, in unserem Land, sind die Atheisten genau wie in unserer Geschichte meistens ehrbare, brave Bürger. Bürger, die nichts gegen Gott haben, aber auch nichts für ihn. Die haben

einfach kein Interesse, keine Zeit, vielleicht später, jedenfalls im Moment nicht, sagen sie.
Und wenn du das auch sagst, dann muss ich dir sagen: Das ist einfach nicht wahr, mein Lieber, sondern die Wahrheit ist, dass du nicht willst. So steht es ja auch hier in Vers 3: »Sie wollten nicht kommen.« Wir verhandeln hier nicht die Frage, ob du zur Kirche kommst, sondern ob du zu Gott kommst, ob du an ihn glaubst, ob du dich zu ihm bekehrst. Ob du an Gott glaubst, das ist nicht eine Frage deines Intelligenzquotienten, sondern deines Willens. Die Behauptung: »Ich kann nicht an Gott glauben, weil – ich zu gebildet bin, zu aufgeklärt, zu modern, zu wissenschaftlich usw.«, diese Behauptung ist in jedem Falle falsch. Glauben können kann jeder, ob du willst, das ist die Frage!

Gott beschenkt ...

Ich lade dich ein, im Auftrag Gottes, an ihn zu glauben und dich zu bekehren. Gott möchte dir eine Freude machen! Wenn du die Einladung ablehnst – was hast du für Gründe vorzubringen? Ein Grund, den ich besonders oft zu hören kriege, heißt »Die Gebote und Forderungen, die Gott stellt, sind mir zu hoch, zu anspruchsvoll, das schaffe ich nicht. Deswegen kann ich mich weder Christ nennen noch Christ werden.« Das ist ein absolutes Missverständnis! Zum Christwerden kannst du dich nicht qualifizieren. Christ wirst du nicht, weil du etwas für Gott tust, sondern weil Gott etwas für dich tut. Christ bist du doch nicht, weil du etwas aus dir machst, z.B. einen guten Menschen, sondern weil Gott etwas aus dir macht, nämlich ein Kind Gottes.

... wir konsumieren

Es wäre absolut blödsinnig, wenn ein Vater zu seinem Kind, das noch im Kinderwagen liegt, sagen würde: »Pass mal auf, ich geh jetzt auf Arbeit, ich erwarte von dir, dass du inzwischen den Aufwasch erledigst, den Müll runterbringst, – auf dem Küchentisch liegt ein Zettel, da steht drauf, was du im Konsum holen sollst, und mit der Hausordnung sind wir auch dran. Wenn du das alles ordentlich machst, dann bist du mein Kind, dann hab ich dich lieb!« So läuft das doch nicht. Sondern zunächst mal kann das Kind überhaupt nichts, was die Erwachsenen können. Aber eines kann es, besser als die Erwachsenen: Es kann Liebe konsumieren, Es saugt die Liebe der Eltern in sich auf wie ein Schwamm. Jedes Streicheln, jedes gute Wort, jeden Blick. Es empfängt die Liebe der Eltern ohne jede Gegenleistung. Es verdient sich die Liebe nicht, es empfängt sie – das ist alles. Deshalb lebt es, deshalb wächst es, deshalb kann es eines Tages sagen: »Ich bin ein Kind meines Vaters!«

Nehmen, was geboten wird

Für ein Kind, auch für ein Kind Gottes, gibt's keine Vorleistungen und keine Vorbedingungen, da gibt's nur eins: Annehmen, was geboten wird! Ich bitte dich: Nimm die Einladung in Gottes Reich an, sag einfach: »Ja, ich komme. Ja, ich will.« Du musst nicht erst eine Aufnahmeprüfung machen. Gott fragt dich nicht nach deiner politischen Einstellung, Er will nicht wissen, was du darstellst, was du angestellt hast, wo du angestellt bist. Es interessiert ihn noch nicht mal, ob du ein guter oder ein böser Mensch bist, »... und die Knechte gingen aus auf die Straßen und brachten zusammen, wen sie fanden, Böse und Gute« (Vers 10).
Gott interessiert nur eins: Dass du seine Einladung annimmst, dass du kommst. Warte nicht, bis du dich würdig genug fühlst. Warte nicht, bis du alles verstanden hast. Warte nicht, bis du mit allem einverstanden bist in der Kirche. Sondern komm gleich. Gott erwartet dich!

Nun gibt's aber Leute, die aus diesem Angebot Gottes ganz falsche Folgerungen ziehen. Statt von Gottes Gnade beschämt zu sein, werden sie unverschämt. Die stellen sich hin und sagen: »Das ist ja prächtig. Gott liebt also die Sünder. Ich bin ein Sünder. Ich darf als Sünder zu Gott kommen. Gott liebt mich wie ich bin. Also kann ich auch so bleiben wie ich bin. Demzufolge brauche ich mir auch gar keine Mühe geben, mit meiner Sünde Schluss zu machen. Ich kann also wieder fremd gehen, brauche nicht zur Kirche gehen, kann weitermachen wie bisher – der liebe Gott vergibt mir ja, dazu ist er ja schließlich da,« Für Leute, die so denken, erzählt Jesus seine Geschichte noch ein bisschen weiter.

Geschenkte Klamotten

Da erzählt er, wie alle, die von der Straße reingeschneit sind, Gute und Böse, an der Hochzeitstafel sitzen und futtern. Der König kommt rein, um seine Gäste zu begrüßen. Und da entdeckt er doch einen, der ist nicht vorschriftsmäßig angezogen. Der hat keinen neuen Hochzeitsfrack an, sondern seine alten Straßenklamotten. Vers 12: »Und er sprach zu ihm: Mein Freund, wie bist du denn reingekommen? Du hast ja gar kein Festkleid an?« Der gibt keine Antwort, und da schmeißt ihn der König raus.
Das scheint ja nun alles wieder umzuschmeißen, was ich bisher gesagt habe. Erst hieß es: Jeder kann kommen wie er ist, gleich von der Straße weg. Und jetzt heißt es: Wer keinen Frack anhat, fliegt wieder raus. Ist das nicht ein Widerspruch? Wo soll denn der, wenn er von der Straße kommt, den Frack hernehmen?
Na, von dem König! Ihr müsst wissen, dass es damals folgende Sitte gab: Wenn ein Hochgestellter, z.B. ein König, Gäste einlud, da schenkte er ihnen ein Festkleid, das sie über ihre Klamotten, in denen sie gekommen waren, drüberziehen

konnten. Das bekam man an der Tür gratis überreicht. Ungefähr so, wie wenn du heutzutage zu Leuten in ihren Neubau eingeladen wirst und da wird dann stillschweigend erwartet, dass du deine Schuhe ausziehst, und du bekommst an der Tür ein Paar Filzlatschen überreicht. Wenn du dich weigerst, die Filzer anzuziehen, und mit deinen Profilsohlen deinen Gastgebern den Teppich versaust, war das garantiert das letzte Mal, dass du bei denen zum Kaffee eingeladen warst. Gott verlangt von keinem von euch, dass ihr sauber ohne Sünde ankommt. Im Gegenteil: Wenn du Dreck am Stecken hast, wenn dein Leben beschmutzt ist durch Sünde, wenn du gelebt hast wie ein Schwein, dann bist du bei Gott herzlich willkommen!

Ein anderer Mensch werden

Also jetzt noch mal: Es stimmt, du kannst so zu Gott kommen, wie du bist. Aber du kannst nicht so bleiben, wie du bist. Wenn du Gottes Einladung annimmst, erwartet er von dir, dass du seine Vergebung annimmst. Komm mit deiner Sünde, aber lass sie dir vergeben, lass dir Gottes Vergebung geben – das ist mit dem neuen Kleid gemeint, das der König seinen Gästen schenkt.

Wenn du Gottes Einladung annimmst, erwartet er von dir die Bereitschaft, dich ändern zu lassen. Er will dir helfen, falsche Lebensgewohnheiten abzulegen und ein anderer Mensch zu werden: Einer, der seinen Nächsten liebt, an einer besseren Welt mitarbeitet, sich wie ein Kind Gottes benimmt. Und wenn dir das nicht passt, wenn du stur so bleiben willst, wie du bist, wenn du dir kein neues Leben schenken lassen willst, wenn du dich nicht anständig benehmen willst – dann schmeißt Gott dich wieder raus. Auch wenn du getauft, bekehrt und Dauerteilnehmer auf Freizeiten bist.

Gott ist bereit, dir alles zu vergeben. Gott ist bereit, dir ein neues Leben zu geben. Gott ist bereit, dir die Kraft zu einem neuen Leben zu geben. Aber wenn du nicht bereit bist, das alles anzunehmen, dann treibst du mit der Liebe Gottes Schindluder. Die Liebe Gottes ist etwas anderes als der liebe Gott. Die Liebe Gottes ist wie Dynamit, eine Kraft, die Menschen verändert. Der liebe Gott ist eine harmlose Beruhigungspille, eine lahme Erfindung von den Leuten, die sich nicht ändern und nicht wie ein Kind Gottes leben wollen. Der Mann ohne Hochzeitskleid in unserer Geschichte ist das Urbild von denjenigen, die in der Illusion vom lieben Gott leben, das Urbild auch von Tausenden von Christen, die in die Kirche gehen und wieder weggehen – ohne Buße, ohne Vergebung, ohne Veränderung, ohne die Tat des Glaubens.

Solche Menschen, die sogar am Abendmahlstisch gesessen haben, werden im Jüngsten Gericht gefeuert, Vers 13: »Da spricht der König zu seinen Dienern: Bindet ihm Hände und Füße und werft ihn in die Finsternis hinaus! Da wird Heulen und Zähneklappern sein.«

Die Entscheidung steht an

So, ich habe dir jetzt Gottes Einladung in sein Reich überbracht, und du musst jetzt entscheiden, ob du die Einladung annimmst oder ablehnst. Wenn du ablehnst, dann setz dich bitte nachher hin, nimm ein Blatt Papier und schreibe: »An Gott, den König des Universums, ich habe heute, am Soundsovielten, deine eilige Einladung zur Hochzeit deines Sohnes Jesus erhalten. Ich lehne diese Einladung aus folgenden Gründen ab ...« Dann schreibst du deine Gründe hin und unterschreibst mit deinem vollen Namen.

Und euch alle, die ihr die Einladung annehmen wollt, bitte ich: Sagt es Gott auf der Stelle! Ihr braucht es nicht schriftlich zu machen. Ihr braucht nicht zu warten, bis ihr zu Hause seid. Ihr braucht bloß jetzt in eurem Herzen zu sagen: Ja, ich nehme an. Ich komme.

Jesus sucht Quartier

Lukas 2, Verse 1-14:

(1) Es begab sich aber zu der Zeit, dass ein Gebot von dem Kaiser Augustus ausging, dass alle Welt geschätzt würde. (2) Und diese Schätzung war die allererste und geschah zur Zeit, da Quirinius Statthalter in Syrien war. (3) Und jedermann ging, dass er sich schätzen ließe, ein jeder in seine Stadt. (4) Da machte sich auf auch Josef aus Galiläa, aus der Stadt Nazareth, in das jüdische Land zur Stadt Davids, die da heißt Bethlehem, weil er aus dem Haus und Geschlecht Davids war, (5) damit er sich schätzen ließe mit Maria, seinem vertrauten Weib; die war schwanger. (6) Und als sie dort waren, kam die Zeit, dass sie gebären sollte. (7) Und sie gebar ihren ersten Sohn und wickelte ihn in Windeln und legte ihn in eine Krippe; denn sie hatten sonst keinen Raum in der Herberge. (8) Und es waren Hirten in derselben Gegend auf dem Felde bei den Hürden, die hüteten des Nachts ihre Herde. (9) Und der Engel des Herrn trat zu ihnen, und die Klarheit des Herrn leuchtete um sie; und sie fürchteten sich sehr. (10) Und der Engel sprach zu ihnen: Fürchtet euch nicht! Siehe, ich verkündige euch große Freude, die allem Volk widerfahren wird; (11) denn euch ist heute der Heiland geboren, welcher ist Christus, der Herr, in der Stadt Davids. (12) Und das habt zum Zeichen: ihr werdet finden das Kind in Windeln gewickelt und in einer Krippe liegen. (13) Und alsbald war da bei dem Engel die Menge der himmlischen Heerscharen, die lobten Gott und sprachen: (14) Ehre sei Gott in der Höhe und Friede auf Erden bei den Menschen seines Wohlgefallens.

Stellt euch vor, ihr lest die Zeitung, hinten die Seite, wo die kleinen Anzeigen stehen. Zum Beispiel: Verloren: Fußballsieg in Hamburg. Abzugeben bei Dynamo Dresden. Oder: Tausche Scheuklappen en gros gegen rosa Brillen für Visitationszwecke. Landeskirchenamt Dresden. Oder schwarzumränderte Traueranzeige: Im Alter von drei Jahren ist mein Bart abgekratzt, Jugendpfarrer. Schluss jetzt mit dem Unfug. Im Ernst – stellt euch vor, ihr findet in der Abteilung »Wohnungstausch« folgende Anzeige: »Biete Luxusvilla mit allem Komfort in schönster Lage, suche Bretterbude in Palästina, Kriegsschauplatz angenehm.« Na, was würdet ihr zu so einer Anzeige sagen? Vermutlich würdet ihr denken: Der Mann, der diesen Wohnungstausch anbietet, hat nicht alle Tassen im Schrank. Macht doch kein Mensch, so was – freiwillig aus seiner Traumvilla mit Swimmingpool und Wintergarten ausziehen in eine Bretterbude ohne Wasser und Licht. So was gibt's ja gar nicht.
Doch, so was gibt's. Ehrlich. Allerdings nicht in den Zeitungsnachrichten, das gebe ich zu. Aber in der Guten Nachricht, in der Bibel, da steht so was drin. Lukas, Kapitel 2. Bloß mit dem Unterschied, dass dort nicht von einem erwünschten Wohnungswechsel die Rede ist, sondern vom Vollzug dieses Wohnungswechsels. Der seltsame Umzug hat bereits stattgefunden:
Gott, der für uns Menschen ferner und unerreichbarer ist als so ein Multimillionär in seiner Traumvilla, dieser unsichtbare, unbegreifliche und große Gott ist umgezogen, aus dem Reichtum in die Armut, aus dem Himmel auf die Erde. Ich habe ein Buch, das nennt sich »Wegweiser zum Atheismus«. Das Buch hat den Titel »Vom Jenseits zum Diesseits«. Ich wundere mich bloß, wie so ein frommer Titel auf so ein gottloses Buch geraten konnte. Denn genau das – vom Jenseits zum Diesseits – ist die Überschrift über der Geschichte, wie Gott in die Welt kam. Diese Geschichte möchte ich euch heute erzählen. Ich muss vorausschicken, dass es keine besondere Ge-

schichte ist. Die meisten kennen sie auch schon. Na ja, ich erzähle trotzdem. Es geht los wie bei allen Geschichten, in denen von Machthabern und Bürokratie die Rede ist, nämlich unmenschlich.

Keine »Stille Nacht«

Da ist ein Kaiser, der Augustus. Der hat eine Volkszählung angeordnet. Da sind die Bürokraten, die die Aktion durchführen. Da sind die Soldaten, die alles überwachen. Und da sind schließlich die Leute, die Menschen, das statistische Material, das Menschenmaterial. Jeder von denen tut weiter nichts als seine Pflicht. Der Kaiser führt an, die Bürokraten führen durch, die Soldaten führen ab, die Bürger führen aus. Die führen am liebsten aus der Haut. Denn wo die Menschen weiter nichts tun als ihre Pflicht, da wird es unmenschlich.
Zum Beispiel war jeder verpflichtet, sich in der Stadt zu melden, aus der seine Familie stammte. Also marschierten die einen vom Norden nach dem Süden, die anderen vom Süden nach dem Norden. Das ganze Reich wird durcheinander gerührt und überall gibt's ein großes Gequirle. Da sind natürlich in manchen Einzelfällen gewisse Härten nun mal nicht zu vermeiden. Da muss halt jeder zusehen, wie er am besten durchkommt. Jeder Bürger hat seine Freiheit, Ellenbogenfreiheit. Und am weitesten kommt immer der, der Spikes an den Ellenbogen hat: So ungefähr war's auch dort, wo meine Geschichte spielt, in Bethlehem. Die Nacht, von der ich euch erzähle, war keine stille Nacht. Die Straßen voll aufgescheuchter Menschen, fluchender Soldaten, quengeliger Kinder. Alles geht drunter und drüber. Und mitten in dem ganzen Durcheinander ein junges Pärchen: Josef, Zimmermann aus Nazareth, und Maria, seine Frau. Obwohl die schon im neunten Monat ist, muss die auch den weiten Weg mitmachen. Pflicht ist Pflicht.

Ihr wisst ja alle, wie die Geschichte weitergeht: Die beiden finden kein Quartier und sind schließlich froh, dass sie in einem Stall unterkrauchen können. Und dort – im finsteren Dreckloch – wird das Kind geboren, ein Junge. Ohne Arzt, ohne Hebamme, ohne große Umstände. Einfach so, wie eben davor und danach Millionen anderer Flüchtlingskinder in Palästina und anderswo zur Welt gekommen sind.

Ein Allerweltsname

Was noch der Ärmste von uns hat, ein Bett, war bei dem nicht drin. Er wurde nicht im Bett geboren, und er ist auch nicht im Bett gestorben. Als er starb, nagelte man ihn an einen hölzernen Galgen. Als er geboren wurde, legte man ihn in einen hölzernen Futtertrog. Ein Bündel Mensch auf einer Handvoll Stroh – das ist nun schon die ganze Weihnachtsherrlichkeit.
Nicht mal zu einem besonderen Namen hat's gereicht. Sie nannten ihn Jesus. So hieß damals jeder fünfte Judenjunge, so wie unsere Jungens heute dutzendweise Klaus und Peter heißen. Ein Allerweltsname also, würden wir sagen.
Die Bibel sagt auch: ein Allerweltsname, aber in einem ganz anderen Sinn. In der Bibel lesen wir: Es ist allen Menschen in der ganzen Welt kein anderer Name gegeben, in dem sie gerettet werden, außer diesem einen: Jesus, Helfer, Heiland, Erlöser, Retter der Welt.
Dass das Judenkind Jesus der Retter der Welt ist, auf diese Idee konnte wirklich kein Mensch von sich aus kommen. Das musste Gott den Menschen erst sagen. Und die ersten, denen er das erklärt, sind ein paar Hirten. Drop-outs der damaligen Gesellschaft. Sogenanntes Gesindel. Hudelvolk vom Lande. Lumpenproletariat. Die hören als erste die Botschaft: »Euch ist heute der Heiland geboren, welcher ist Christus, der Herr.«
Erst hier, nur an dieser Stelle, wo Gott selber durch den Mund seiner Engel spricht und die Geschichte deutet, wird deutlich:

Es handelt sich um mehr als um die Geburt eines x-Beliebigen. Aber abgesehen von diesem Moment, wo Gottes Licht aufstrahlt und uns erleuchtet, wer das Kind in der Krippe ist, abgesehen von diesem einen Moment ist an der ganzen Geschichte nichts Besonderes dran. Im Gegenteil: Ansonsten ist das eine 08/15-Story, die an Banalität kaum zu überbieten ist.

Eine klägliche Kulisse

Das heißt: Den Gipfel der Banalität habe ich euch ja noch gar nicht erzählt. Da sagen die Engel zu den Hirten: Geht nach Bethlehem und seht euch den Retter der Welt an. Und dann heißt es: »Das habt als Erkennungszeichen: Ihr werdet finden das Kind in Windeln gewickelt und in einer Krippe liegen.«
Ich bitte euch: Eine Windel als Erkennungszeichen Gottes!? Jeder von euch, der zu Hause kleine Kinder oder Geschwister hat, weiß, was eine Windel ist. Sie ist das Zeichen des Menschlichen, des Allzumenschlichen. Und genau das, das Menschliche, das ist das Kennzeichen Gottes.
Wenn die Leute, die zu Weihnachten Kriegsspielzeug verkaufen und verschenken, die Weihnachtsgeschichte geschrieben hätten, dann hieße es hier: »Das habt zum Zeichen: Ihr werdet finden das Kind mit einem Stahlhelmchen auf dem lockigen Haar, in einen Patronengürtel gewickelt und in einem Panzerchen liegend.« Und dann hätte der Chor der Engel nicht gesungen: »Ehre sei Gott in der Höhe und Friede auf Erden und den Menschen ein Wohlgefallen«, sondern dann hätte die Brigade der Engel gebrüllt: »Ehre sei den Raketen in der Höhe und Schrecken auf Erden und den Menschen kein Wohlgefallen.«
Aber Gott kommt nicht im Stahlhelm, nicht im Zeichen der Gewalt. Gott kommt in der Windel, im Zeichen der Friedfertigkeit. Er kommt nicht mit dem bombastischen Getue und Getute, wie es die Herren dieser Welt nötig haben, um den Leuten ihre Wichtigkeit klar zu machen. Bei ihm flattern statt

Fahnen und Standarten Windeln auf der Leine. Statt Fanfaren und Trompeten Kuhgebrumm, statt spalierstehender Jubelmassen im Flutlichtscheinwerfer ein düsterer Stall mit ein paar wiederkäuenden Tieren.

Das ist die klägliche Kulisse für den Auftritt Gottes auf der Bühne unserer Weltgeschichte. Der Auftritt jedes Weihnachtsmannes ist glanzvoller als die ärmliche Geburt des Gottessohnes. Und gegen den Ansturm von Glühbirnen und Glitzerwatte kann ich mit meiner simplen Geschichte natürlich nicht konkurrieren.

Es hat schon zu allen Zeiten Leute gegeben, denen ein Gott zu banal ist, der im Kuhstall zur Welt kommt und am Galgen aus der Welt geht, die ihn gern in einer etwas geschmackvolleren Ausführung hätten, nicht so ärmlich und nicht so blutig. Der liebe Gott im Zellophanbeutel mit Goldschleife, das wäre was. Aber damit kann ich euch leider nicht dienen. Ich kenne bloß den Gott ohne fromme Glanzverpackung, den Gott, der geboren wurde als ein Mensch wie du und ich. Einen anderen kenne ich nicht. Und der Gott, der irgendwo im fernen Jenseits über den Wolken schwebt, der interessiert mich auch nicht. Der Gott, der im Weltraum mit Sternschnuppen kegelt, ist mir schnuppe.

Hat der das nötig?

Mich interessiert bloß der menschgewordene Gott, dem kein Raum in dieser Welt zu hässlich und zu primitiv ist, um darin zu wohnen; dem kein Mensch zu verdorben, zu gering, zu sündig ist, um mit ihm Freundschaft zu schließen; der die Banalitäten meines Lebens aus der eigenen Erfahrung kennt und dem ich deshalb auch mit den banalen Problemen meines Lebens kommen kann.

Mir ist so ein Gott gerade recht, und ich danke ihm, dass er mir so hautnah auf die Pelle rückt, in die Haut eines Menschen eingeht, ein Mensch wird.

Nun fragst du vielleicht: Warum macht der das eigentlich? Warum wird der ein Mensch? Warum zieht Gott um, vom Jenseits zum Diesseits? Hat der das nötig?
Nein, der nicht, aber ich hab's nötig. Ich brauche einen, der mich von meiner Schuld freimacht. Ich brauche einen, der mich vor den Angriffen des Teufels schützt. Ich brauche einen, der mir meine Ängste nimmt und meiner Seele Frieden gibt. Ich brauche einen, der mir zeigt und hilft, in dieser Welt der Unmenschlichkeit als ein Mensch zu leben. Den hab ich in dem Jesuskind gefunden.
Allerdings muss ich noch dazusagen: Er ist ja nicht das Kind geblieben. Aus dem Kind wurde der Mann, der am Kreuz für mich gestorben ist. Er ist ja nicht im Tod geblieben. Aus dem Toten wurde der Lebendige, der auferstanden und jetzt beim Vater ist. Und dort wird er auch nicht bleiben. Er wird wiederkommen, um mich in sein Reich zu holen.

Das alles für uns!

Und das alles nicht, weil er's nötig hätte oder dazu verpflichtet wäre, sondern weil er mich liebt. Das ist die einzige Erklärung. Gott ist verrückt vor Liebe nach uns. Deshalb macht er so verrückte Sachen, dass er umzieht zu uns, aus dem Jenseits ins Diesseits.
Und weil das alles so ist, deswegen macht es mir auch nichts aus, dass seine Geburtsgeschichte so gar nichts Besonderes ist. Im Gegenteil: Das ist ja gerade das Besondere an der Geschichte, dass sie nichts Besonderes ist. Das ist ja gerade das Wunderbare, dass sie so menschlich ist.
Nun haben sich aber viele Leute schon zu Lebzeiten von Jesus darüber aufgeregt und nicht begriffen, dass dieser Mensch der Sohn Gottes war. »Wie kann denn der so was von sich behaupten«, so hieß es damals. »Den kennen wir doch ganz genau, der wohnt doch gleich drüben um die Ecke. Das ist doch

der Sohn vom Zimmermann Josef, mit dem haben wir doch früher am Dorfteich zusammen Ringelreihe gespielt. Und bitte – seit wann spielt Gott Ringelreihe? Sollte Gott wirklich auf die Idee gekommen sein, bei Zimmermanns, bei Schmidts und Meiers eine Filiale des Reiches Gottes aufzumachen?«
Tatsächlich, Leute, Gott ist auf die wahrhaft göttliche Idee gekommen, bei Zimmermanns und Meiers, bei Krauses und überhaupt überall zu wohnen. Auch bei dir. Und wenn dein Herz so stur ist wie ein Ochse, so hölzern wie eine Krippe, so finster, so schmutzig und freudlos wie ein Kuhstall, dann brauchst du Jesus erst recht. Damit es in deinem Leben wieder hell und gut wird.
Heute ist Jesus wieder mal auf der Quartiersuche. Und er lässt jetzt durch mich bei dir anfragen, ob du ihn bei dir aufnehmen möchtest.

Gott nölt nicht

Ich habe mal einen Film gesehen: »Meine Tage mit Pierre, meine Nächte mit Jacqueline.« Es ging da um Liebe, Missverständnisse, Streit, Tränen, Trennung, Krach, also mit einem Wort: eine Liebesgeschichte. Im ersten Teil wird die Story vom Standpunkt der Frau aus geschildert. Im zweiten Teil geht das Ganze noch mal von vorne los, aber jetzt erzählt der Mann, wie er alles erlebt hat. Also zweimal genau das gleiche, nur eben von zwei verschiedenen Standpunkten aus. Wir machen es heute mal genauso. Das letzte Mal habe ich euch von dem jungen Mann erzählt, der von seinem Vater abhaut. Lk, Kapitel 15. Heute gibt es dieselbe Geschichte noch mal, aber sozusagen vom Standpunkt des Vaters aus gesehen.

Ein alter Muffel?

Nun weiß ich natürlich: Wenn ich vor so vielen Jugendlichen das Wort »Vater« ausspreche, da ist bei vielen von euch sofort Feierabend, weil ihr gleich an das Exemplar von Vater denkt, das ihr zu Hause habt, und was junge Leute so von ihren Vätern denken, das weiß ich.

Denn was ist der Durchschnittsvater? Ein alter Muffel, der immer bei allem dagegen ist, meckert, nölt, verbietet, der mit seinen Erfahrungen pranzt und mit dem Geld geizt, den man nie stören darf, der nie Zeit hat und dessen drei Lieblingssätze lauten: »Erstens: Bin auch mal jung gewesen. Zweitens: Aber das hätten wir früher uns nicht erlaubt. Drittens: Verdammt noch mal, ich hab den ganzen Tag gearbeitet, ich will jetzt meine Ruhe haben.« Manche kennen ihren Vater überhaupt nicht oder bloß als ein saufendes Etwas. Der Vater, von dem ich euch erzähle, ist ganz anders. Der gönnt seinem Sohn alles, was er braucht. Der hat zu dem ein prächtiges Verhältnis. Alles ist in Butter, kein Krach, keine Reibereien. Um so erstaunter ist der Vater, als eines Tages sein Herr Sohn bei ihm erscheint und ihm eiskalt eröffnet: »Ich gehe. Du bist zwar soweit o.k., aber irgendwie hängt mir hier der ganze Laden zum Hals raus. Mich ödet die Rolle des braven Söhnchens an, ich fühle mich frustriert, ich möchte endlich mal frei und selbständig sein. Dazu brauche ich allerdings ein paar Mäuse. Ich schlage daher vor: Du zahlst mir jetzt mein Erbe aus. Erstens steht es mir sowieso zu, und zweitens ist es im Prinzip egal, ob du nun den Kies gleich auspackst oder ich ihn erst kriege, wenn du über'n Jordan bist. Also sei kein Frosch und reich mal ein Päckchen von den großen Blauen rüber.«

Tobsuchts- oder Schlaganfall

Jeder andere Vater hätte in diesem Moment entweder einen Tobsuchts- oder Schlaganfall gekriegt. Jeder andere hätte dem Herrn Sohn den großen Briefbeschwerer an den Kopf oder ihn überhaupt rausgeschmissen. Mindestens hätte jeder eine Diskussion angefangen: »Aber mein lieber Junge, warum denn gleich so radikal? Ich meine, wenn du mal Urlaub machen willst, hat ja keiner was dagegen – aber warum denn gleich abhauen für immer? Sieh mal, du hast es doch gut bei mir. Und ich verspreche dir auch, ich kaufe dir ein neues Tonbandgerät, ich erhöhe das Taschengeld. Willst du es dir nicht noch mal überlegen?«
Oder die ironisch-drohende Tour: »Du und selbständig – dass ich nicht lache! Du bist noch viel zu grün, das geht schief, das kann ich dir jetzt schon sagen. Aber wenn du unbedingt willst – bitte. Doch das eine sage ich dir: Lass dich dann nie wieder hier blicken. Für mich bist du erledigt.«

Oder die beleidigte Leberwurst: »Das hat man nun davon. Da schuftet man ein Leben lang, verzichtet auf alles, lebt nur für die Kinder, steckt euch alles vorn und hinten rein, und was ist der Dank? Es passt dem Herrn Sohn nicht. Womit habe ich das nur verdient? Wie kannst du mir so was antun?«

Er gibt

Der Vater in unserer Geschichte reagiert ganz anders. Wortlos steht er auf, geht zum Kassenschrank, holt die Geldbündel raus, zählt das Erbe ab und blättert dem Sohn schweigend die Scheine auf den Tisch.
Er sagt kein einziges Wort. Keine Bitte, keine Frage, kein Vorwurf, keine Drohung, keine Szene, nichts. Er gibt nach. Er gibt. »So'n Vater möchte ich auch mal haben«, wird mancher von euch sagen. Kannst du doch! Hast du doch! Mit dem Vater, von dem ich euch erzähle, ist Gott gemeint. Und Gott ist auch dein Vater. Hast du dir überhaupt schon mal überlegt, was du von dem schon alles geerbt hast?
Machst du es so wie der junge Mann in unserer Geschichte, der von seinem Vater Geld anfordert und annimmt, als ob das selbstverständlich wäre, und sich nicht mal dafür bedankt? Der sahnt bei seinem alten Herrn ab, stopft sich die Scheine in die Taschen, brennt sich mit einem neuen Zehnmarkschein eine Peter Stuyvesant an und dampft in die große, weite Welt. Nach seinem Vater sieht er sich nicht ein einziges Mal um. Der hat sich für ihn erledigt. Aber für den hat sich der Sohn nicht erledigt. Er liebt ihn immer noch. Jetzt erst recht. Er steht an der Haustür und sieht ihm schweigend nach.

Warum schweigt der Vater?

Warum macht er nicht wenigstens den Versuch, ihn zurückzuhalten? Der Vater, also Gott, ist doch allwissend. Er weiß

also schon vorher, was dem Jungen passieren wird, dass er volle Pulle in sein Unglück rennt. Kann er, muss er das nicht verhindern? Er ist doch allmächtig. Warum verbietet er nicht einfach? Warum wendet Gott keinen Zwang an?
Weil er die Freiheit genauso liebt wie du. Weil er dich liebt. Und weil er möchte, dass du ihn liebst. Aber Liebe lässt sich nun mal nicht erzwingen. Und deshalb kann Gott niemals einen Menschen zwingen, sondern wenn einer nicht mit ihm leben will, dann kann er ihn eben nur laufen lassen. »Man kann«, so sagt der polnische Dichter Lec, »man kann das Lied der Freiheit nicht auf dem Instrument der Gewalt spielen.« Es gibt einen Punkt, wo es keinen Zweck hat zu verbieten, wo man Freiheit geben muss. Viele Eltern erkennen diesen Punkt nicht, schalten auf stur und tun sich damit selber einen schlechten Dienst. Wer die Menschen zwingt, selbst wenn er sie zu ihrem Glück zwingt, erntet immer nur Ablehnung, Feindschaft, Hass. Die Menschen mit Verboten und Zwangsmaßnahmen bei der Stange halten, das ist sehr einfach. Aber es ist auch sehr dumm, denn kein Mensch fühlt sich unter Zwang glücklich.

Du bist kein Wellensittich

Ein Wellensittich, der in seinem Käfig auf der Stange sitzt, der fühlt sich vermutlich so ganz wohl. Aber du bist kein Wellensittich, sondern ein Mensch, also ein Wesen, das zur Freiheit bestimmt ist. Und du wirst deshalb den, der dich in einen Käfig sperrt, und selbst wenn es ein goldener Käfig ist (und viele Eltern bauen ihren Kindern goldene Käfige), niemals lieben können. Du wirst ihn fürchten, ihn hassen, verachten, aber niemals lieben.
Gott aber will, dass du ihn liebst. Und da kann er nur warten, bis du freiwillig zu ihm kommst, ohne jeden Zwang. Zwang entwürdigt den Menschen, den, der ihn ausübt genauso wie

den, der ihn erleidet. Gott respektiert deine Menschenwürde, indem er dir deine Freiheit lässt, auch dann, wenn du ihm den Rücken kehrst und seine Liebe verschmähst.

Gottes unglückliche Liebe

Warst du schon einmal unglücklich verliebt? Weißt du noch, was für Gefühle du da hattest? Das war ein Schmerz, dass du dachtest, dich haut es um. Na, da weißt du jetzt ungefähr, was Gott für Gefühle hat, wenn er an dich denkt. Welchen Schmerz er hat, wenn du seine Liebe nicht erwiderst.

Gott dreht es das Herz im Leibe rum, wenn er sieht, wie du ohne ihn lebst.Da brauchst du noch gar nicht mal irgendwas besonders Schlechtes zu machen. Da kann dein polizeiliches Führungszeugnis einwandfrei sein – du tust Gott trotzdem weh. Es genügt schon, dass du ohne ihn lebst. Ohne Gott leben, von Gott getrennt sein, das nennt die Bibel Sünde. Es genügt schon, dass du als selbstverständlich ansiehst, dass du überhaupt lebst und gesund bist, ohne dich dafür zu bedanken. Undankbarkeit ist Sünde!

Ich sehe hier vorn unter der Kanzel ein paar Jugendliche sitzen. Die sind genauso jung und lustig und lebenshungrig wie ihr. Aber die sitzen in Rollstühlen. Und da muss ich an etwas denken, was ich letzten Monat bei einer Evangelisation erlebt habe.

Da war auch ein Mann im Rollstuhl, so um die 40 herum. Der wurde auf den Altarplatz gehoben und erzählte uns, dass er bis zu seinem 23. Lebensjahr genauso gesund war wie andere. Und dann wurde er plötzlich gelähmt, an den Rollstuhl gefesselt. Nun hat er erzählt, wie er mit Gott gekämpft hat und wie er mit seiner Krankheit fertig geworden ist. Und am Schluss hat er gesagt: »Wenn ihr mich jetzt fragt, was mir lieber ist: Ein Leben ohne Jesus mit Gesundheit oder ein Leben mit Krankheit und mit Jesus, dann entscheide ich mich für das letztere.«

Vor so einer Frage steht ihr nicht, ihr seid gesund. Aber ich frage euch: Habt ihr euch schon mal bei Gott bedankt, dass ihr auf zwei gesunden Beinen hierher gekommen seid und nachher wieder rausspazieren könnt? Oder lebt ihr vergnügt in der Sünde der Undankbarkeit?
Die Sünde des jungen Mannes aus unserer Geschichte beginnt ja nicht erst, als er das Geld des Vaters zum Fenster rauswirft, sondern als er das Geld von ihm verlangt, als ob er ein Recht darauf hätte und nun damit machen könnte, was er will. Er hat nämlich eins vergessen: Alles was er hat, hat er von seinem Vater. Sein Leben, seinen Körper, die flotten Klamotten, sein kultiviertes Essen – alles.

Alles gute Dinge

Es handelt sich dabei durchweg um an sich gute Dinge. Schöne Klamotten, schönes Essen, ein schöner Körper – das ist nichts Schlechtes. Aber diese an sich guten Dinge sind es gerade, die ihm nach der Trennung vom Vater zum Verderben werden, denn er gebraucht sie bloß noch für sich, ohne Verantwortung gegenüber dem Vater.
Der Geschlechtstrieb, den Gott in dich gelegt hat, ist an sich etwas Gutes. Aber wenn du ihn gebrauchst, ohne dich an die Gebrauchsanweisung im 6. Gebot zu halten, wo Gott sagt: du sollst nicht ehebrechen, dann zerstörst du dein eigenes Glück und das Glück anderer.
Die Begabung, die Gott dir gegeben hat – du kannst vielleicht klasse Gitarre spielen – ist an sich etwas Gutes. Wenn du sie bloß dazu benutzt, dir einen Namen und Geld zu machen, dich von den Massen beklatschen zu lassen, dann wirst du zum arroganten Angeber.
Das Geld, das du hast, ist an sich etwas Gutes. Wenn du es nur gebrauchst, um dir ein schönes Leben zu machen, wirst du ein unbarmherziger, geiziger Hund.

Die Schönheit, die Gott dir gegeben hat, ist an sich etwas Gutes. Wenn du sie nur dazu gebrauchst, um möglichst viele Männer zu verführen, verführt dich deine Schönheit zum Größenwahn, zur Selbstbewunderung, zum Selbstbetrug. Was machst du, wenn deine Schönheit verblüht und du alt wirst? Dann siehst du alt aus, denn »wenn die Frauen verblühen, verduften die Männer«. Ein Mädchen, das an jedem Finger zehn hat, hat meistens keinen, der um die ganze Hand anhält. So ging's dem jungen Mann aus unserer Geschichte. Am Schluss hat er keinen einzigen, der wirklich zu ihm hält. Nachdem er sich nur in der Gesellschaft von lockeren Vögeln und leckeren Betthasen aufgehalten hat, befindet er sich zuletzt nur noch in der Gesellschaft von Schweinen. Die Trennung vom Vater hat ihm kein Glück gebracht. Diese bittere Erfahrung hätte er sich sparen können, wenn er beim Vater geblieben wäre.

Erfahrungen sammeln?

Da hat einer zu mir gesagt: »Eigentlich war das doch ganz richtig von dem jungen Mann, von zu Hause abzuhauen. Man muss doch schließlich seine Erfahrungen sammeln. Um mitreden zu können, muss man erst mal alles mitgemacht haben.«
Was heißt hier »man muss alles mitgemacht haben«? Musst du erst einen Krieg mitgemacht haben, um zu wissen, dass Krieg schrecklich ist? Hat irgendeiner von euch schon mal eine Flasche Rizinusöl ausgesoffen, bloß um hinterher aus eigener Erfahrung bestätigen zu können, dass man da Durchfall kriegt? So ein Blödsinn!
Vor ein paar Wochen besuchte mich ein junger Mann aus dem Westen. Der vertrat auch den Standpunkt: »Man muss alles mal mitgemacht haben.« Und er erzählte mir voll Stolz, dass er alles mitgemacht hat, was der Westen so zu bieten hat. »Auch im Bordell«, sagte er, »bin ich gewesen.« Was hier so

vornehm als »Lebenserfahrungen sammeln« ausgegeben wird, das bezeichnet die Bibel schlichtweg als Sünde.
Als der junge Mann aus unserer Geschichte sein Geld in Kneipen und Bordells vertan hat und schließlich als Schweinehirt gelandet ist, da sagt er nicht: »Jetzt hab ich alles mitgemacht, jetzt bin ich ein erfahrener, gereifter, kluger Mann.« Sondern er sagt: »Ein Idiot bin ich, blöd bin ich gewesen« Und er kommt zu seinem Vater nicht mit den stolzen Worten: »Sieh her, mein Vater, ich kehre zurück als ein gereifter Mensch, ich habe ohne dich Lebenserfahrungen gesammelt, jetzt kriegst du einen klugen Sohn zurück.« Sondern er sagt demütig: »Ich habe gegen dich gesündigt.«

Nicht wiederzuerkennen

Und jetzt stellt euch diesen jungen Mann vor: zerlumpt und verludert, ausgepumpt, ein menschliches Wrack, das Gesicht vor Gier und Sorgen zerfurcht, der ganze Kerl stinkend und verdreckt und einfach nicht wiederzuerkennen. So kommt er in sein Heimatdorf. Niemand sieht diesem Landstreicher an, dass er das Kind des reichen Vaters ist, so sehr hat ihn die Sünde entstellt.
Sieht man dir eigentlich noch an, dass du ein Kind Gottes bist? Du bist geschaffen als Gottes Ebenbild, das heißt: Du solltest sein wie ein Spiegel, der die Eigenschaften Gottes widerspiegelt – Güte, Ehrlichkeit, Liebe, Wahrhaftigkeit, Treue, Offenheit, Reinheit, Freundlichkeit – das sollst du ausstrahlen. Na und, sind das die Kennzeichen deines Lebens?
Oder bist du gekennzeichnet durch Unehrlichkeit, Egoismus, Sturheit, Streitsucht, Rechthaberei, Ängstlichkeit? Ich fürchte, mein Lieber, diese Kennzeichen treffen auf dich mehr zu als die ersten. Bei mir jedenfalls ist das so.
Vielleicht ist es sogar noch schlimmer? Vielleicht sagen die Leute von dir: »Der ist ein widerlicher Kerl. Das ist ein Schlä-

ger. Die ist ein Flittchen. Das ist ein Säufer, ein unzuverlässiger Kollege, ein Rumtreiber.«
Vielleicht sagen deine eigenen Eltern zu dir, dass du ein Versager, eine Schande für die Familie bist. Und selbst wenn sie damit recht haben – ich sage dir: Gott sieht in dir sein Kind.

Gott sieht dahinter

Hinter dem von Sünde gekennzeichneten Gesicht von euch Mädchen, die ihr schon durch so viele Hände gegangen seid, sieht Gott, dass ihr einmal rein wart und dass ihr euch nach Reinheit sehnt. Hinter der lässigen, herablassenden Miene von euch Jungs, die ihr so tut, als ob euch nichts umwerfen könnte, sieht Gott, dass ihr auch ein Herz habt, ein Herz, das verwundbar ist und das sich nach Liebe sehnt.
Leute, ihr braucht vor Gott kein Theater zu machen. Ihr könnt zu ihm kommen, wie ihr seid. Mit eurer Schuld. Und er wird euch nicht rausfeuern.
Als der junge Mann auf den Hof seines Vaters geschlichen kommt, erkennt ihn keiner. Aber der Vater erkennt ihn. Hinter dem ausgebrannten Gesicht dieses Bettlers entdeckt der Vater das Gesicht seines Sohnes.

Keine bissige Bemerkung

Und jetzt stellt der Vater sich nicht händereibend an die Tür und sagt hämisch: »Da kommt er an, der Lumpenhund, den werde ich aber zusammenstauchen.« Er stellt kein peinliches Verhör an: »Wo warst du solange? Wie siehst denn du überhaupt aus? Wo ist das Geld?« Er macht ihm keine Vorwürfe, keine bissige Bemerkung, keine Frage, keine Szene, keine Nervereien, kein Wort. Er schweigt.
Und das ist das, was mich an dieser Geschichte am meisten beeindruckt. In der ganzen langen Geschichte spricht der Va-

ter nicht ein einziges Wort. Erst jetzt am Schluss, nachdem er seine Arme geöffnet hat, öffnet er zum ersten Mal den Mund und sagt: »Dieser junge Mann ist mein Sohn. Er war verloren, aber jetzt ist er wiedergefunden.«

Siehst du, so ist Gott. Gott nölt nicht. Der lappt dich nicht voll, wenn du mit deiner Schuld vor ihn hintrittst. Er wartet ja nur auf dich, dass du endlich heimkommst. Nicht, um dich fertig zu machen, sondern um aus dir einen neuen Menschen zu machen. Nicht, um dir Zunder zu geben, sondern um dir deine Sünde zu vergeben.

Wie viel Schuld, wie viel Schutt hat sich auf dem Bauplatz deines jungen Lebens schon angesammelt? Gottes Vergebung ist wie eine Planierraupe, die den Schutt wegräumt.

Kleiner Mann – ganz neu

Lukas 19, Verse 1-10:

(1) Und Jesus ging nach Jericho hinein und zog hindurch. (2)
Und siehe, da war ein Mann mit Namen Zachäus, der war ein
Oberer der Zöllner und war reich. (3) Und er begehrte, Jesus zu
sehen, wer er wäre, und konnte es nicht wegen der Menge, denn
er war klein von Gestalt. (4) Und er lief voraus und stieg auf ei-
nen Maulbeerbaum, um ihn zu sehen, denn dort sollte er durch-
kommen. (5) Und als Jesus an die Stelle kam, sah er auf und
sprach zu ihm: Zachäus, steig eilend herunter, denn ich muss
heute in deinem Haus einkehren. (6) Und er stieg eilend herun-
ter und nahm ihn auf mit Freuden. (7) Als sie das sahen, murr-
ten sie alle und sprachen: Bei einem Sünder ist er eingekehrt. (8)
Zachäus aber trat vor den Herrn und sprach: Siehe, Herr, die
Hälfte von meinem Besitz gebe ich den Armen, und wenn ich
jemanden betrogen habe, so gebe ich es vierfach zurück. (9) Je-
sus aber sprach zu ihm: Heute ist diesem Haus Heil widerfahren,
denn auch er ist Abrahams Sohn. (10) Denn der Menschensohn
ist gekommen, zu suchen und selig zu machen, was verloren ist.

Kurt Tucholsky hat mal gesagt: Das deutsche Schicksal: vor einem Schalter zu stehen. Das deutsche Ideal: hinter einem Schalter zu sitzen. Die vor dem Schalter haben immer die Mehrheit, aber die hinter dem Schalter haben die Macht, und das macht sie denen vorm Schalter so unsympathisch, jedenfalls wenn sie ihre Macht missbrauchen. Irgendwie haben die Leute was gegen Beamte. Jedenfalls gegen Zollbeamte. Jedenfalls war das zur Zeit von Jesus so.

Damals war der Beruf des Zöllners genauso anrüchig wie der des Zuhälters: einträglich, aber unanständig. Mit solchen

Leuten verkehrte man nicht, mit denen sprach man nicht, mit so was wollte man nichts zu tun haben. Zöllner wurden von der Bevölkerung gehasst. Aus drei Gründen:
Erstens: Weil sie die Staatseinkünfte für die verhasste römische Besatzungsmacht eintrieben, also mit ihrer Arbeit die fremde Zwangsherrschaft unterstützten, galten sie als nationale Verräter.
Zweitens: Weil man in Israel Abgaben nur zu religiösen Zwecken kannte, galten sie wegen ihrer Zusammenarbeit mit den heidnischen Besatzern als religiöse Verräter.
Drittens: Weil sie sich durch Erpressung und auf Kosten ihrer eigenen Volksgenossen ein Vermögen ergaunert hatten, galten sie als Verräter an der Sache des ausgebeuteten Volkes.

Was will denn der hier?

Von so einem Typ wird im Lukasevangelium berichtet. Er hieß Zachäus, wohnte in Jericho, war ein kurzes Kerlchen, aber jeder Zoll ein Zöllner, also ein Gangster höherer Ordnung, der von der Erpressung seiner Unterzöllner lebte, mit einem Wort: ein Miststück.
Nun gehört ja bekanntlich zum Beruf des Zöllners die Neugierde. Auch Zachäus war neugierig. Und als er eines Tages hörte, dass Jesus durch Jericho kommt, will er ihn natürlich sehen. Er hatte von ihm schon gehört. Kein Wunder, denn Jesus hatte vor Jericho ein Wunder getan, einen Blinden geheilt. Diese Sensation war natürlich Tagesgespräch. Und als nun Jesus durch Jericho kam, flitzte alles, was Beine hatte, auf die Straße. Jeder wollte ihn sehen. Dichtes Gedrängel auf allen Bürgersteigen, unser Zachäus natürlich mitten drin in der Menge. Aber so sehr er auch seinen Hals reckt und sich auf die Zehenspitzen stellt – er sieht nichts. Ihm ging's wie euch da hinten, ihr seht auch bloß den Kopf eures Vordermannes. Aber Zachäus sah nicht mal Köpfe, sondern bloß Rücken und

kalte Schultern. Denn genauso klein, wie er war, so groß war auch die Wut der Leute auf ihn. Gerade weil er so kurz war, hätten die ihn ja ruhig nach vorn lassen können, der hätte ja niemandem die Aussicht versperrt.
Aber nein, nun gerade nicht. Der Zachäus nimmt uns unser gutes Geld weg, da nehmen wir ihm heute mal zur Abwechslung die gute Aussicht weg – endlich mal eine Gelegenheit, diesem Hundesohn eins auszuwischen und ihn vom Anblick des Gottessohnes auszuschließen. Wozu braucht so einer wie der Jesus zu sehen?
Die Bürger von Jericho sind längst ausgestorben, aber ihre Nachkommen leben noch. Das sind die Leute, die sagen: Hauptsache, ich habe meinen Sitzplatz. Hauptsache, ich kann gut sehen. Hauptsache, mir geht es gut. Hauptsache, ich bin mit dem Rücken an der Wand. Das sind die Christen, die sich für besser halten als andere Leute. Und wenn die gewisse Typen in der Kirche sehen, dann sagen sie: »Was will denn der hier?«
Zum Beispiel haben sie mal einen der Musiker, die in unserem letzten Gottesdienst gespielt haben, aus einer Kirche rausgeschmissen. Der saß ganz ruhig da, aber entweder war der Bart zu lang oder die Jeans zu ausgefranst, jedenfalls kam ein Kirchenvorsteher und hat ihn rausgefeuert. Den Namen der Kirche verrate ich nicht. Es war eine berühmte Kirche in Dresden. Jaja, es ist schon ein Kreuz mit der Kirche.

Blamage einprogrammiert

Aber zurück nach Jericho. Dort hatten die Bürger zwar einen großen Buckel, aber nur einen kleinen Verstand, und da hat sie der Zachäus ausgetrickst. Sie hatten vergessen, dass zum Beruf des Zöllners nicht nur die Neugierde, sondern auch die Findigkeit gehört. Ein Zöllner muss ja was finden, und wenn er nichts findet, muss er was erfinden. Und erfinderisch war der kleine Zachäus. Der sagte zu denen, die ihm mit ihrem Buckel die Aussicht versperrten: »Rutscht mir den Buckel runter« und rannte dem Festzug voraus. Und dann machte er es wie die Leute, die, um die Friedensfahrer zu sehen, sich auf eine Leiter setzen. Er kletterte auf einen Maulbeerbaum, der seine Äste weit über die Straße streckte. Und von dort oben wollte er durch die Blätter looky looky machen, wenn Jesus unten vorbeikäme.

Nun müsst ihr euch mal vorstellen, was das für ein Hallo gab, als das kleine Männchen Klimmzüge macht, sich am Baumstamm hochhievt und auf dem Ast lang robbt wie ein Zwölfjähriger beim Kirschenmausen.

Ihr müsst bedenken: Herr Zachäus war eine stadtbekannte Persönlichkeit, schon wegen seines Reichtums. Der kaufte seine Klamotten nicht im Konsum, höchstens im Exquisit, aber weil er als Zöllner genug harte Devisen hatte, meistens nur im Intershop.

Und dieser vornehme Herr klettert auf einen Baum, reißt sich ein Loch in die Exquisithose, der Interschlips rutscht schief, ein Salamanderschuh fliegt runter. Und nun klebt er da oben auf seinem Ast wie ein Laubfrosch auf der Leiter und macht Stielaugen.

Der Mann macht sich einfach lächerlich! Aber das macht ihm nichts aus. Ihm ist es schnuppe, ob die Leute ihn auslachen, ob seine Hose und sein bürgerliches Image kaputtgehen – ihm geht es nur um das eine, um den Einen:

Er will Jesus sehen.

Gute Aussichten

Und tatsächlich hat niemand in ganz Jericho eine so gute Aussicht, Jesus zu sehen, wie er. Als nämlich Jesus an dem Maulbeerbaum vorbeikommt, wo Zachäus wie ein Mops auf der Lauer zwischen Himmel und Erde im Geäst hängt, entdeckt er

ihn. Er sieht hoch und sagt (Vers 5): »Zachäus, steig schleunigst herunter, denn ich muss heute in deinem Haus einkehren.«
Zachäus bleibt die Spucke weg, als Jesus ihn sieht und gleich mit seinem Namen anredet. Und ihr werdet euch auch wundern, woher er den Namen weiß. Also ich weiß das auch nicht, aber ich wundere mich auch nicht. Das ist nun mal bei Jesus so, der kennt jeden von uns mit Namen. Dich auch.
Bevor der Mensch sieht, wird er schon von Gott gesehen. Und ob sich der Mensch vor Gott versteckt wie Stammvater Adam hinter dem Baumstamm oder wie Zachäus hinterm Laub des Baumes – in jedem Fall entdeckt uns das Auge Gottes und ruft uns die Stimme Gottes bei unserem Namen: Komm her, ich habe mit dir ein Wörtchen zu reden!
Du fühlst dich da unten ziemlich sicher hinter dem Rücken deines Vordermannes, hinter der Säule, da oben auf der Empore. Und vielleicht bist du ganz zufrieden, dass du so anonym in der Menge des frommen Fleisches untertauchen kannst. Du versteckst dich wie Zachäus. Du bist neugierig wie Zachäus. Du bist ein distanzierter Beobachter wie Zachäus. Du bist ein Sünder wie Zachäus.
Und jetzt ruft dich Jesus wie Zachäus: Du, komm raus aus deinem Versteck, deiner reservierten Haltung, deiner skeptischen Verschwiegenheit, komm runter von deinem hohen Ross. Komm her zu mir! Zachäus lässt sich das nicht zweimal sagen. Als Zollbeamter weiß er: Wenn man erst mal entdeckt ist, kann man sich nicht mehr wie ein Chamäleon im grünen Laub verstecken, sondern da heißt es raustreten und Farbe bekennen, was man für einer ist.

Gefahr im Verzug

Was für einer bist du? Bist du ein Mensch, der zu Jesus will, oder hängst du bloß so im Leben rum, ohne zu wissen, zu wem du gehörst und was du eigentlich willst?

Heute ruft Jesus dich. Also steig raus aus der Rolle des kühlen Beobachters. Bleib nicht länger hängen im lächerlichen Geäst deiner Standpunkte. Klammere dich nicht mehr krampfhaft an deine Vorurteile. »Lass die Zweifel und Bedenken, lass dir Gottes Frieden schenken, Jesus ruft dich in sein Reich.«

Er ruft dich, genauso wie den Zachäus, zu einer schnellen Entscheidung: »Komm sofort runter!« Jesus ruft dich in sein Reich. Warte nicht und komme gleich. Jetzt. Heute. In diesem Gottesdienst. In diesem Augenblick.

Jesus sagt zum Zachäus: »Ich muss heute in deinem Haus einkehren.« Heute – das heißt: Du hast keine Zeit zu verlieren. So, wie du bis jetzt rumhängst, unentschieden zwischen ja und nein, kannst du nicht bleiben. Du heißt nicht Zachäus. Du heißt Andreas oder Renate, du sitzt nicht auf einem Ast, sondern auf einer alten Kirchenbank. Aber das ist alles ganz unwichtig. Wichtig ist nur, dass du hörst. Jesus sagt jetzt zu dir: Komm, entscheide dich, ich will heute in dein Leben.

Verstehst du: nicht morgen. Nicht übermorgen. Nicht nächsten Sonntag. Morgen kann es zu spät sein, weil der Ast, auf dem du sitzt, dann vielleicht schon abgebrochen und Jesus längst weitergezogen ist. Nutze den günstigen Augenblick der Gnade und mache es wie Zachäus: Der kam sofort.

Wie der Blitz rutschte er am Baumstamm runter, da zerschrabbelt er sich noch das andere Hosenbein. Macht nichts. Vers 6: »Er stieg sofort vom Baum und nahm Jesus auf mit großer Freude ... und Jesus sagte zu ihm: Heute hat Gott dich angenommen.«

Bisher hatte Zachäus die Leute nur ausgenommen, ihnen Geld weggenommen, und deshalb hatte er alle gegen sich eingenommen. Und da begegnet ihm einer, der für ihn ist. Da kommt, zum ersten Mal in seinem Leben, einer zu ihm, zu ihm in sein Haus, stellt sich vor allen Leuten auf seine Seite. So erlebt Zachäus, der alte, ausgekochte Sünder, zum ersten Mal im Leben, was Liebe ist.

Gesucht: schwarze Schafe

Und er ist glücklich. Es gibt ein Festessen, und hoch die Tassen, und er freut sich – aber alle anderen ärgern sich. Ein lautes Volksgemurmel geht los, weil Jesus sich ausgerechnet diesen lächerlichen Zwerg rangewinkt hat. Allgemeine Empörung, dass er ausgerechnet bei dem verhassten Zöllner einkehrt. Das hatten sie von Jesus nicht erwartet.

Damals haben natürlich alle erwartet, dass Jesus zum Mittagessen beim Herrn Bürgermeister oder wenigstens beim Herrn Pfarrer einkehrt, aber doch nicht beim Zachäus, dem übelsten Schlitzohr von ganz Jericho. Deshalb das große Genöle über Jesus: »Bei einem Sünder ist er eingekehrt!« Eben dieser Satz, den die braven Bürger mit ihrer ganzen moralischen Entrüstung aussprechen, ist die frohe Botschaft unserer Geschichte, die Zusammenfassung der Weihnachtsgeschichte und der ganzen Bibel. Und wir sprechen diesen Satz nicht im Ton maulender Entrüstung, sondern dankbaren Triumphes: Bei einem Sünder ist er eingekehrt!

Gott sei es gedankt – Jesus kommt zu den Sündern, egal, ob es sich um einen reichen Ausbeuter wie Zachäus oder einen armen Proletarier wie Petrus handelt. An den Frommen, die sich einbilden, sie wären was Besseres und nur bei ihnen könnte Jesus einkehren – an denen marschiert er ohne Aufenthalt vorbei.

Denn er ist nicht auf der Suche nach den Selbstgerechten, sondern nach den Sündern. Die frommen Spießer lässt er stehen und geht zu den Ausgeflippten, die Spießruten laufen müssen wie der Zachäus.

Natürlich weiß Jesus, dass die Art, wie der die Leute betrügt, eine üble Schweinerei ist. Gerade weil er weiß: dieser Mann ist ein Betrüger, trotz seines Reichtums ein armes Schwein, ein Sünder, ein schwarzes Schaf der Gesellschaft, ausgestoßen und verloren – gerade deshalb geht er zu ihm.

Gerade die schwarzen Schafe liebt Jesus am meisten. Und gerade wenn du für dich schwarz siehst, wenn du in Schuld und Sünde steckst, sagt Jesus zu dir: Ich will in dein Leben. Vers 10: »Ich bin gekommen, um die Verlorenen zu suchen.«

So einfach ist das?!

Jesus sucht dich. Wenn manche das hören, schalten sie ab. Manche sind ständig auf der Flucht vor Gott. Sie merken genau, dass Jesus was von ihnen will, wissen aber nicht genau, was er von ihnen will. Die denken: Jesus macht hunderttausend Vorschriften: das darfst du nicht, und jenes darfst du auch nicht, bis dir das Leben überhaupt keinen Spaß mehr macht.

Aber wo steht denn das? Wo steht in unserer Geschichte ein einziges Wort, dass Jesus irgendwas verlangt, irgendwelche Bedingungen stellt? Das ist ja gerade das Herrliche, dass er keine Bedingungen stellt.

Er sagt nicht zum Zöllner: Zieh dich erst mal anständig an, werde erst mal ein anständiger Mensch, entschuldige dich bei allen, die du betrogen hast, zahl das geklaute Geld zurück, bring dein Leben erst mal in Ordnung. Und wenn du das alles gemacht hast, dann komme ich zu dir.

Er sagt vielmehr zu dem Zöllner, diesem Gauner, diesem Verräter, diesem miesen Menschen, diesem Ekel: Du, ich möchte zu dir. Das ist alles. Keine einzige Bedingung, aber eine einzigartige Verheißung: »Ich komme, um die Verlorenen zu suchen und selig zu machen.«

Glücklich will er dich machen. Also mach die Tür deines Herzens nicht länger vor ihm zu, sondern nimm ihn auf! Zachäus nahm ihn sofort auf. Er bekehrte sich auf der Stelle. Und die Echtheit seiner Bekehrung zeigt sich an der Reue über sein bisheriges Leben Und die Echtheit der Reue zeigt sich daran, dass er sein Leben ändert.

Zachäus trat vor den Herrn und sagte: »Herr, ich verspreche dir, ich werde die Hälfte meines Besitzes den Armen geben. Und wenn ich jemanden betrogen habe, so will ich ihm das Vierfache zurückgeben.«

Vielleicht wirst auch du heute Abend, wenn du heute Jesus in dein Leben aufnimmst, manches aus deinem Leben rausschmeißen: geklaute Gegenstände, geborgte Bücher, die du absichtlich nicht zurückgegeben hast, unterschlagenes Geld. Du kannst dir das jetzt noch gar nicht vorstellen, aber wenn du Jesus erst mal in dein Leben rein lässt, bekommst du von ihm die Kraft, dich zu ändern. Dann geht das.

Zachäus konnte sich auch nicht vorstellen, dass er es mal fertig bringen würde, den Leuten das geklaute Geld zurückzugeben und selber mit weniger Geld auszukommen. Aber irgendwie hat er sich gesehnt nach einem anderen Leben. Deshalb wollte er Jesus sehen. Und wenn du Jesus sehen und ein neues Leben haben willst, dann wirst du das geschenkt kriegen, wie der Zachäus.

Dem hat Jesus keine einzige Bedingung gestellt. Und dir stellt er auch keine. Er stellt sich ganz einfach vor dich hin und sagt: Du, ich möchte in dein Leben. Er sagt (Offb 3,20): »Hört gut zu: ich stehe vor der Tür und klopfe an. Wenn jemand meine Stimme hört und öffnet, werde ich bei ihm einkehren. Ich werde mit ihm essen und er mit mir.«

Heute Abend steht Jesus vor der Tür deines Lebens. Du brauchst nichts zu tun, als ihn einzuladen und aufzunehmen. Du brauchst nur zu sagen: Ja Herr, komm in mein Leben. Und er wird so, wie er es versprochen hat, eintreten und dich glücklich machen. Ich weiß, dass er jeden rettet.

Nichts für Stolze

Matthäus 11, Verse 28-30:

(28) Kommt her zu mir alle, die ihr mühselig und beladen seid; ich will euch erquicken. (29) Nehmt auf euch mein Joch und lernt von mir; denn ich bin sanftmütig und von Herzen demütig; so werdet ihr Ruhe finden für eure Seelen. (30) Denn mein Joch ist sanft und meine Last ist leicht.

Mal angenommen, es hätte vor 2000 Jahren in Palästina schon Wahlen gegeben. Und angenommen, Jesus hätte sich da als Kandidat beworben – der wäre glatt durchgeflogen. Beim größten Teil der Bevölkerung stieß er auf Gleichgültigkeit, Unverständnis, Widerspruch oder Hass. Die breite Masse konnte mit ihm nichts anfangen. Und die besseren Kreise waren erst recht auf ihn sauer. Die Politiker haben ihn beargwöhnt. Die Fachleute haben ihn belächelt Die Gebildeten haben ihn beleidigt. Die Theologen haben ihn bekämpft.
Die einzigen, bei denen er landen konnte, waren einfache Menschen. Zum Beispiel Arbeiter, die mit Ach und Krach ihre vier Jahre Volksschule drauf hatten, wie der Petrus. Hausfrauen, die weiter nichts kannten als Küche und Kochtopf, wie die Martha. Oder Frauen, die von Kopf bis Fuß auf Liebe eingestellt waren und sonst gar nichts. Das war sein Publikum.
Analphabeten, Außenseiter, verkrachte Existenzen, Kranke, mit einem Wort: die armen Schweine. Die verstanden, was Jesus wollte. Helfen wollte er ihnen, und das konnten sie brauchen.
Auch die anderen brauchten Hilfe. Auch die vornehmen Leute, die Reichen, die Mächtigen, die Gebildeten haben ihre Probleme. Aber die haben oft nicht den Mut, das zuzugeben.

Nichts für Stolze

Diesen Mut, zuzugeben, dass du Probleme hast, die du selber nicht lösen kannst, diesen Mut nennt die Bibel Demut. Und die Bibel sagt: Gott hilft dem Demütigen, den Stolzen gibt er Kontra. Die Voraussetzung für den Glauben ist also nicht die Dummheit, sondern die Demut. Und das Hindernis für den Glauben ist nicht die Bildung, sondern die Einbildung, der Stolz.

Die meisten Menschen sind stolz. Zu stolz, einen Fehler zuzugeben. Zu stolz, jemanden um Hilfe zu bitten. Zu stolz, sich was schenken zu lassen. Deshalb leben die meisten ohne Jesus. Sie brauchen ihn nicht. Sie wollen ihn nicht. Weil sie alleine fertig werden wollen. Solchen Menschen ist nicht zu helfen. Ich habe schon oft, zum Beispiel nach solchen Jugendgottesdiensten, Diskussionen erlebt zwischen Christen und Atheisten. Der Christ antwortet: »Ohne Jesus kannst du gar nicht glücklich sein. Ich sage dir: du bist unglücklich.« Der Atheist weist das zurück: »Du kannst mir doch nicht einreden, ich wäre unglücklich. Mann, ich bin glücklich.« Darauf der Christ: »Meinetwegen, ich erlaube dir ja, dass du glücklich bist, aber ich sage dir: Ich bin noch glücklicher.«

Also – solche Diskussionen sind doch sinnlos. Wenn ein ungläubiger Mensch zu mir sagt, dass er sich vollkommen glücklich fühlt, muss ich ihm das glauben Der Mann hat subjektiv einfach recht: er fühlt sich vollkommen glücklich. Die Frage ist bloß, ob sich seine Gefühle mit der objektiven Wirklichkeit decken.

Auch ein Betrunkener fühlt sich glücklich. Der liegt in seinem Dusel am Straßenrand, fühlt sich selig und sicher wie in Abrahams Schoß und ahnt nicht, dass ihn der nächste Laster platt fahren wird. Subjektiv fühlt der sich im siebenten Himmel, objektiv liegt er eine halbe Stunde später im Leichenschauhaus.

Aber nun versuch mal, den zu überzeugen, in welcher Gefahr er sich befindet und dass das Gefühl, das er gerade genießt, eine Illusion ist. Das schaffst du nicht. Der fühlt sich glücklich, und deine Hilfs- und Rettungsmaßnahmen sind dem nur lästig.

Zufrieden im Dreck?

Vor ein paar Wochen saß ich mit meinem Freund, dem Jörg, im Auto. Wir kamen von einer Evangelisation und fuhren in unser Quartier, auf ein Dorf. Landstraße, Nacht, zappenduster, eiskalt. Am nächsten Abend hatte ich sinnigerweise über das Thema »Begegnung am Straßenrand« zu predigen.
In einer Kurve sehen wir was liegen. Rauf auf die Klötze, raus aus dem Auto. Tatsächlich, da lag einer am Straßenrand auf dem Schneehaufen. Die Flossen lang auf die Fahrbahn ausgestreckt, die Arme gekreuzt wie ein zufriedener Buddha. Und grunzte. Hätten wir die Kurve ein bisschen schärfer genommen, hätten wir dem Typ die Beine abgefahren. Hätten wir nicht gehalten, wäre er eine halbe Stunde später vielleicht erfroren gewesen.
Aber davon ahnte der nichts. Der war zufrieden, wo er lag. Und als wir ihn im Auto mitnehmen wollten, sträubte der sich. Er hielt uns für Polizisten und lallte immer nur einen Satz: »Ich will nicht ins Gefängnis.«
Das muss man sich mal vorstellen: Da schickt Jesus uns zwei nachts zu diesem Mann, um den heimzubringen, und der will nicht. Wir bieten ihm an, ihn ins Bett zu schaffen, und der denkt, wir schaffen ihn ins Gefängnis.
So geht mir das nun schon, seit ich predige. Da schickt Jesus mich zu dir, um dich heimzubringen, aber du willst nicht. Jesus bietet dir an, dir Ruhe zu verschaffen für deine Seele. Und du denkst, wenn du fromm wirst, kommst du in ein Gefängnis von spießigen Vorschriften und Verboten.

Begreifst du denn gar nicht, dass Jesus weiter nichts will, als dir helfen? Er will dich doch nicht abführen in ein freudloses Spießerleben, sondern er will dich mitnehmen in ein neues Leben, wo du es nicht mehr nötig hast, deine Ängste im Alkohol zu ersäufen, bis du im Straßendreck liegst. Mann, lass dich doch von Jesus aus dem Dreck heben, in den du geflogen bist!
Unser Freund am Straßenrand hat sich lange gewehrt, aber schließlich haben wir ihn doch ins Auto gehievt und nach Hause gebracht. Und dort kam das Erschreckendste: Der Mann erkannte seine eigene Straße nicht Er erkannte sein Haus nicht. Als wir ihm die Wohnungstür aufschlossen und ihn in seine vier Wände stellten oder besser: an die Wand lehnten, erkannte er seine eigene Wohnung nicht.

Freiheit für Freiwillige

Totaler Filmriss. Dass wir den nach Hause gehuckt haben, war das Mindeste, aber auch das Äußerste, was wir für ihn tun konnten. Grundsätzlich helfen konnten wir ihm nicht. Denn wenn einer in diesem Stadium des Alkoholismus ist, dann kann ihm nur noch geholfen werden, wenn er selber will, dass ihm geholfen wird.
David Wilkerson, ein amerikanischer Pfarrer, hat sich um solche Drogensüchtigen gekümmert. In seinen Rettungszentren sind viele Jugendliche durch Jesus von der Sucht befreit worden, aber immer nur solche, die frei werden wollten. Denn Wilkerson hatte einen Grundsatz: Aufgenommen wird nur, wer freiwillig kommt und darum bittet, geheilt zu werden. Die Freiheit, auch die Freiheit von der Drogensucht, kann man niemandem aufzwingen. Erst wenn einer angekrochen kommt und zugibt: »Ich bin fertig, ich kann nicht mehr, bitte helft mir« – erst dann kann er befreit werden.
Genauso ist es auch mit dem Glauben an Jesus. Wenn du dich ohne Jesus frei, zufrieden und glücklich fühlst – bitte! O.k.

Ich mische mich da nicht ein. Wenn du Jesus nicht brauchst, werde ich ihn dir nicht aufdrängeln. Wenn du alleine zurechtkommst, habe ich dir heute nichts zu sagen. Jesus hat selber gesagt (Mk 2,17): »Die Starken brauchen keinen Arzt, sondern die Kranken. Ich bin gekommen, die Sünder zu rufen und nicht die Gerechten.«
Aber wenn du mit irgendeinem Problem nicht fertig wirst; wenn da etwas in deinem Leben ist, das du nicht mehr ertragen kannst, nicht mehr aushalten kannst, worunter du leidest, was dich fertig macht, wovon du frei werden möchtest – dann habe ich für dich eine gute Nachricht. Dann ruft Jesus dich. Dann meint er dich, wenn er sagt: »Kommt her zu mir alle, die ihr mühselig und beladen seid. Ich will euch Ruhe geben.«

Hauptsache: du kommst

Kommt her zu mir! Komm – das ist ein Lieblingswort von Jesus. Dieses Wort spielt eine große Rolle im letzten Kapitel der Bibel. In dem vorletzten Satz, den Jesus in der Bibel spricht (Offenbarung 22,17), da sagt er dieses Wort gleich dreimal: »Ich, Jesus, habe gesandt meinen Engel, solches euch zu bezeugen. Und der Geist und die Braut sprechen: Komm! Und wer es hört, der spreche: Komm! Und wen dürstet, der komme. Und wer da will, der nehme das Wasser des Lebens umsonst.«
Komm – das ist ein Befehl, das ist eine Verlockung, eine Einladung: Kommt her zu mir! Es geht nicht darum, dass du zur Kirche kommst, es geht nicht darum, dass du zum Pfarrer kommst. Es geht nicht darum, dass du zu einer Erkenntnis kommst. Es geht darum, dass du zu Jesus kommst, zu ihm persönlich.
Wie macht man das praktisch? Bei Jugendevangelisationen lade ich meist alle, die zu Jesus kommen möchten, dazu ein, aufzustehen und nach vorn zu kommen. Und mit denen, die nach vorn kommen, bete ich dann. Beten ist ja: mit Jesus sprechen. Ich spreche ein Gebet vor, und die sprechen es nach.

Dieses Übergabegebet geht ungefähr so:
»Herr Jesus Christus, ich brauche dich. Ich habe gegen dich gesündigt. Vergib mir meine Schuld. Ich übergebe dir mein Leben mit Leib, Seele und Geist, mit Vergangenheit, Gegenwart und Zukunft. Übernimm die Herrschaft in meinem Leben und verändere mich so, wie du mich haben willst.«
Es ist nicht nötig, dass du dieses Gebet wörtlich so sprichst. Es ist nicht nötig, dass du aufstehst und nach vorn kommst. Es ist nur nötig, not-wendig, für dich lebensnotwendig, dass du zu Jesus kommst. Du kannst dort auf dem Platz, wo du sitzt, du kannst auf dem Heimweg, zu Haus oder nach dem Gottesdienst mit Jesus reden. Du kannst es alleine tun, du kannst dir auch von einem unserer Seelsorgehelfer helfen lassen.
Wann, wie, in welcher Form du zu Jesus kommst, ist schnuppe. Hauptsache: du kommst.
Das ist der erste Schritt, und Jesus bittet dich, ihn zu tun: Kommt her zu mir – alle! Alle – Jesus schließt keinen aus und schickt keinen weg. Auch dich nicht. Egal, wie groß die Angst ist, die dir im Nacken sitzt, wie schwer die Last ist, die dich quält, wie alt die Schuld ist, die dich fertig macht: du kannst kommen. Und du kannst in Anspruch nehmen, du kannst Jesus auf das hin ansprechen, was er hier verspricht: Ich will euch Ruhe geben. Ihr könnt ausruhen, aufatmen.
Jesus verspricht nicht, dass wir dann mit einem Schlag frei sind von allen Lasten. Im Gegenteil: Er legt uns eine Last auf. Er fährt fort (Vers 28): »Nehmt auf euch mein Joch und lernt von mir. Denn ich bin sanftmütig und von Herzen demütig. So werdet ihr Ruhe finden für eure Seelen. Denn mein Joch ist sanft, und meine Last ist leicht.«

Dann nimm sein Joch

Du kannst zu Jesus kommen, wie du bist. Er stellt keine Bedingungen. Er verlangt nichts. Aber wenn du zu ihm gekom-

men bist, verlangt er als erstes von dir, dass du sein Joch auf dich nimmst.
Als kleiner Junge habe ich auf einem Bauernhof gelebt. Mein größter Stolz war, wenn ich mit den Pferden fahren durfte. Mein größter Wunsch war, die Pferde anschirren zu dürfen. Aber das habe ich nie geschafft, denn das Joch, dieses Ding aus Holz und Leder, das die Pferde um den Hals gehängt kriegen, hat ein ziemliches Gewicht.
Auch für das Pferd ist es zunächst eine Belastung. So ein Gaul schlüpft doch nicht freudig ins Joch wie unsereiner in ein frisches T-Shirt, sondern versucht erst mal auszuweichen. Aber das Joch muss sein, denn ohne Joch konnte das Pferd die Lasten, die es zu ziehen hatte, nicht bewältigen. In Wirklichkeit ist das Joch also, obwohl es eine Belastung ist, eine Erleichterung, eine Hilfe zur Bewältigung von Lasten.

Freiheit so oder so

Viele denken, wenn sie zu Jesus kommen, kommen sie in die totale Freiheit. Frei von allen Lasten, Problemen, Vorschriften, und können machen, was sie wollen. Nichts ist falscher als das. Totale Freiheit gibt es nirgends – außer in der Propaganda des Teufels.
Der Teufel sagt dir: »Du kannst in dieser Welt leben, wie du willst. Du bist frei zu tun, wozu du Lust hast. Vorschriften des Gewissens, der Moral sind für dich ungültig. Nimm dir soviel Freiheiten, wie du willst. Schlafe mit wem du willst, wechsle deinen Partner, so oft du willst, saufe, soviel du willst, nimm Drogen – leiste dir alles, was du möchtest.«
So sagt der Teufel, und das ist nicht gelogen. In seinem Reich gibt es diese Freiheit tatsächlich. Ich muss dir nur sagen, dass das Reich des Teufels zum Untergang verurteilt ist wie ein sinkendes Schiff.

Wenn der Kapitän weiß, dass sein Schiff verloren ist, geht er zu den Passagieren und sagt: »Meine Herrschaften! Die Damen und Herren aus der 2. Klasse dürfen ab sofort die 1. Klasse benutzen, ohne nachzuzahlen. – Wer von Ihnen trinken möchte, bediene sich bitte selber an der Bar. Sie können soviel Whisky trinken wie Sie wollen. Alles kostenlos. Wenn Sie Fußball spielen möchten, steht Ihnen der Speisesaal zur Verfügung. Wenn dabei die Kronleuchter draufgehen – machen Sie sich keine Sorgen. Hier ist alles erlaubt. Ich wünsche Ihnen eine angenehme Weiterfahrt.« Da werden die Leute sagen: »Was haben wir doch für einen netten Kapitän. Wir dürfen auf seinem Schiff tun, was wir wollen« Ja, das stimmt, aber das ändert nichts daran, dass das Schiff in den nächsten Stunden untergeht.

Wenn du an Bord des Teufels bist, bist du zum Untergang verurteilt. Und wenn du nicht verloren gehen willst, dann hast du nur eine einzige Chance: Lass dich von Jesus retten. Steig aus beim Teufel! Komm an Bord zu Jesus.

Rettung bedeutet nach der Bibel: von einem Reich in das andere Reich versetzt werden, von dem Reich der Finsternis in das Reich des Lichts, von dem Reich des Teufels in das Reich Gottes.

»Gott«, so sagt die Bibel (Kol 1,13), »hat uns errettet von der Macht der Finsternis und hat uns versetzt in das Reich seines lieben Sohnes.« Diese Versetzung geschieht durch die Taufe. Wassertaufe bedeutet: Du sagst dich vom Teufel los, du springst von seinem Kahn ab, du gehst unter im reinigenden Wasser, und da schnappt dich Jesus und setzt dich in seinen Kahn. Und los geht die Fahrt in ein neues Leben. Das ist Errettung.

Wenn du bei Jesus an Bord kommst, wenn du in Gottes Reich kommst, bist du frei von der Finsternis, frei von der Schuld, frei von den Ketten des Teufels – aber du bist nicht frei zu tun, was du willst. Sondern dann sagt Jesus zu dir: »Jetzt musst du meinen Willen tun«, und du sagst: »Dein Wille geschehe.«

Der Unterschied zwischen dem Reich Gottes und dem Reich des Teufels besteht darin: Im Reich des Teufels lebt jeder nach

seinem eigenen Willen, im Reich Gottes lebt jeder nach Gottes Willen. Der Apostel Paulus beschreibt das so (Röm 6,22): »Nachdem ihr frei geworden seid von der Sünde, seid ihr Knechte Gottes geworden.«
Wenn du zu Jesus kommst, bist du nicht mehr dein eigener Herr. Da bekommst du einen neuen Herrn. Jeder erlebt seine Bekehrung anders. Aber in einem Punkt sind sich alle Bekehrten einig: Bevor ich Jesus traf, habe ich mein Leben selber bestimmt. Seit ich Jesus getroffen habe, bestimmt er mein Leben. Das ist der entscheidende Unterschied zwischen einem Leben mit oder ohne Jesus: Er befiehlt. Er ist der Herr. Darum heißt es auch in einem Übergabegebet: »Übernimm die Herrschaft in meinem Leben.«

Drei Kennzeichen

Der erste Schritt zu Jesus ist, dass du ihm dein Leben gibst. Der zweite Schritt ist, dass du sein Joch auf dich nimmst »Nehmt auf euch mein Joch.« Mit diesem Joch meint Jesus seinen Willen, seine Gebote.
Zum Beispiel verlangt Jesus von dir, dass du anders bist als die anderen. Er verlangt, dass du immer die Wahrheit sagst. Er verlangt, dass du deinen Feind liebst. Er verlangt, dass du ihn mehr liebst als deine eigene Mutter.
Der Normalmensch sagt: Unmöglich! Und tatsächlich: Die Gebote von Jesus sind unmenschlich hart für den, der sich wehrt, aber sanft für den, der willig gehorcht.
»Mein Joch ist sanft«, sagt Jesus. Und das heißt: Mein Joch ist Maßarbeit. Das Leben, das ich dir gebe, ist keine Last, die dich wund scheuert. »Meine Last ist leicht«, sagt er. Das heißt: Das Schicksal, das ich dir zugemessen habe, ist deinen Bedürfnissen und Fähigkeiten genau angepasst. Ich halse dir keine Belastung auf, die für dich zu groß wäre.

Du musst dir also zwei Dinge merken Erstens: Bei Jesus gibt es kein Leben ohne Lasten. Zweitens: Bei Jesus gibt es kein Leben ohne Verbindlichkeiten. Er ruft dich nicht zu sich, damit du dich ausruhst, sondern damit du sein Joch auf dich nimmst. Sein Joch nehmen heißt, ein verbindliches Leben mit Jesus führen.

Dazu gehört erstens regelmäßiges Gebet, zweitens regelmäßiges Bibellesen, drittens Leben in einer Gemeinschaft. Das sind die drei Kennzeichen eines verbindlichen Jüngerlebens. Komm zu Jesus und tu diese drei Dinge. So, nur so wirst du Ruhe finden für deine Seele.

Heimweh ist schlimmer als Durst

Johannes 7, Verse 37-39a:

(37) Aber am letzten Tag des Festes, der am herrlichsten war, trat Jesus auf, rief und sprach: Wen da dürstet, der komme zu mir und trinke! (38) Wer an mich glaubt, wie die Schrift sagt, von dessen Leib werden Ströme des lebendigen Wassers fließen. (39) Das sagte er aber von dem Geist, welchen empfangen sollten, die an ihn glaubten.

Ich möchte euch von einem Fest erzählen, das jedes Jahr in Jerusalem gefeiert wurde. Ihr müsst euch das ungefähr so vorstellen wie das Fest, das ihr jetzt gerade feiert. Bloß mit dem Unterschied: Damals waren im Tempel viele Leviten, aber keine einzige Levi's-Hose; heute sind hier viele in Levi's-Hosen, aber kein einziger Levit.

Levi's und Leviten

Aber sonst war damals alles wie heute. Aus sämtlichen Ecken des Landes sind die Menschen angerückt mit Klampfe und Campingbeutel. Man begrüßt alte Bekannte. Die jungen Männer lassen ihre Augen über die Töchter des Landes schweifen. Der eine verliert sein Herz, der andere bloß seine Zahnbürste.
Man lacht, singt und trinkt gemeinsam ein Tröpfchen aus dem Henkeltöpfchen. Und natürlich nimmt man auch an dem großen Fest-Abschluss-Gottesdienst teil. Während vor dem Tempel die Posaunen blasen und drin die Gemeinde das Lied aus Jes 12 singt: »Ihr werdet mit Freuden Wasser schöpfen aus dem Brunnen des Heils«, holt ein Priester aus einer

Quelle Wasser in einer goldenen Schale, schleppt es hoch in den Tempel, balanciert es durch die ehrfürchtige Menge bis vor zum Altar und gießt es dort aus.
Ein feierlicher Augenblick! Unbeweglich stehen die Massen, keiner wagt, auch nur einen Mucks zu sagen: es herrscht tiefe, ergriffene Stille.
Heeeeeh! brüllt da plötzlich einer wie so ein Bierverkäufer auf dem Jahrmarkt. Her zu mir, wer Durst hat! Bei mir gibt's was zu trinken!
Natürlich ist sofort die ganze feierliche Stimmung im Eimer. Kein Mensch interessiert sich mehr für den Priester mit seiner liturgischen Wasserkanne, sondern alles dreht sich um nach dem Typ, der da mitten in die Liturgie reingebrüllt hat. Dieser Randalierer heißt Jesus.
In unserem Text heißt es: »Am letzten Tag, auf dem Höhepunkt des Festes trat Jesus auf vor der Menge und rief mit lauter Stimme: Wer Durst hat, soll zu mir kommen und trinken!«
Heute ist der letzte Tag eures Festes. In ein paar Stunden ist alles vorbei, dann fahrt ihr alle wieder nach Hause, zurück in euren Alltag. Aber bevor ihr geht, sagt Jesus zu euch: Kommt her zu mir!

Nicht so klar

Ihr werdet jetzt sagen: »Was soll das heißen? Wir sind doch keine von der Straße reingelaufenen Leute, sondern wir sind meilenweit gelaufen, weil wir schon längst zu Jesus gehören. Wir sind ja überhaupt erst deswegen bierhergekommen, weil wir an ihn glauben. Das ist doch klar.«
Also so klar finde ich das gar nicht. Es gibt Leute, die gehen jahrelang mit Jesus, die beschäftigen sich mit ihm, die finden ihn sogar einsame Spitze – aber sie glauben nicht an ihn. Ich denke da zum Beispiel an zwei junge Männer, die waren von

Jesus so begeistert, dass sie über ihn eine ganze Oper geschrieben haben, die weltberühmt wurde, die Rockoper »Jesus Christ Superstar«. Superstar nannten sie ihn, aber sie glaubten nicht an ihn.
Genau solche Leute waren auch die Brüder von Jesus. Von denen wird hier ausdrücklich (7,5) festgestellt: »Seine Brüder glaubten nicht an ihn.«

Fromme Berieselungsanlage?

Dabei hatten sie ihn überhaupt erst eingeladen und gesagt: Hör mal, Bruder Jesus, wir feiern da zu Pfingsten in Leipzig – ich meine: zum Laubhüttenfest in Jerusalem ein großes Festival. Wir bitten dich: Komm mit!
Sie glaubten nicht an ihn. Aber bei der religiösen Feier, da wollten sie ihn dabei haben. So was gibt's. Und deshalb frage ich dich: Glaubst du an Jesus? Oder ist der für dich bloß so eine fromme Berieselungsanlage für Sonn- und Festtage? Jesus will dich nicht berieseln, der will deinen Durst löschen. Hier geht's nicht um den Durst, den du mit ein paar Bierchen stillen kannst und von dem die Trinker sagen: »Durst ist schlimmer als Heimweh«. Es ist nämlich genau umgekehrt: Heimweh ist schlimmer als Durst.

Sehnsucht nach dem verlorenen Paradies

Das Problem der Trinker ist ja gerade, dass sie eins über den Durst trinken. Die trinken weiter, auch wenn ihr Durst längst gelöscht ist. Und das beweist, dass es denen gar nicht um die Befriedigung ihres Durstes geht, sondern um ganz was anderes. In uns allen steckt das Heimweh nach dem verlorenen Paradies, nach einem Leben, das anders und besser ist, einfach nach einem Leben, das o.k. ist. In uns allen steckt eine ungeheure Sehnsucht nach Befriedigung, nach Glück.

Von welcher Quelle leben?

In uns allen steckt ein ungeheurer Lebensdurst. Jeder von uns versucht, seinen Lebensdurst auf seine Weise zu befriedigen. Und du weißt ja selber aus deinem Leben, was du schon alles ausprobiert hast, um glücklich zu werden.
Der eine sucht Befriedigung im Sex, der andere im Suff, der nächste in der Arbeit (»schaffe, schaffe, Häusle baue – fehlt Zement, dann gehste klaue«). Alles, was die Menschen tun und wofür sie die größten Opfer bringen, dient zuletzt nur dem einen Ziel: den Lebensdurst befriedigen. Von irgendeiner Quelle muss jeder trinken. Von welcher Quelle lebst du?
Du kannst mit allen Wassern der Philosophie gewaschen sein. Du kannst dich mit Schnaps volllaufen lassen und deine Adern mit Drogen vollpumpen. Du kannst aus dem Ozean der Weltreligionen Weisheiten schlürfen, du kannst aus den trüben Tümpeln der Horoskope und Wahrsagerei saufen, du kannst das eiskalte Wasser des atheistischen Materialismus schlucken – aber deine Seele wird dabei verdursten! Auf dem Marktplatz der Weltanschauungen wirst du überschwemmt von Parolen, die dir alle möglichen Sachen als Heilsquellen anpreisen. Ich preise dir Jesus an, der wie ein Marktschreier schreit: Her zu mir, wer Durst hat!

Nicht aus der Distanz

Damit meint Jesus: Ich kann deinen Lebensdurst stillen. Im Kapitel 6, 35 sagt er direkt: »Wer an mich glaubt, den wird nie wieder dürsten.«
Das ist zunächst eine Behauptung. Ob sie stimmt, kannst du aus der Entfernung nicht beurteilen. Du erfährst die Wahrheit nur, wenn du dein distanziertes Verhältnis zu Jesus aufgibst, wenn du zu ihm kommst.

Hier in diesem Glas ist Wein. Das ist zunächst eine Behauptung. Ob die stimmt oder ob es gewöhnliches Wasser ist, kannst du aus der Entfernung nicht beurteilen. Du erfährst die Wahrheit nur, wenn du herkommst und selber trinkst. Die herrlichste Quelle nützt dir nichts, wenn du nicht zu ihr hingehst. Das Hingehen zur Quelle nützt dir nichts, wenn du nicht den Mund aufmachst und trinkst. Ohne deinen Entschluss, zu kommen und zu trinken, wirst du verdursten. Deshalb sagt Jesus als erstes: Her zu mir! Her mit deinen Zweifeln, her mit deinen Problemen, deinen Tränen und Plänen, Freuden und Hoffnungen, her mit deinem ganzen Leben! Hast du ihm schon dein Leben übergeben?

Ein nüchterner Entschluss

Ich habe dich nicht gefragt, ob du getauft bist, wie viel du über Jesus weißt, wie lange du schon mit ihm gehst. Ich habe dich gefragt: Hast du ihm schon dein Leben übergeben? Irgendwann im Leben muss jeder Christ einmal ganz bewusst diesen Schritt tun. Ich betone: bewusst. Jesus will dich nicht besoffen machen. Du sollst dich nicht von frommen Gefühlen überschwemmen und von einer religiösen Welle mitreißen lassen. Du sollst einen klaren, bewussten, nüchternen Entschluss fassen, mit deinem ganzen Willen sagen: »Ja, Herr Jesus, ich komme. Ich will dir gehören, ich will dir mein Leben übergeben. Und ich will auch das neue Leben, das du mir versprichst, das will ich haben.«

Schwimmwesten-Christen

Als unsere Kinder klein waren, da haben wir denen versprochen: »Wenn ihr schwimmen könnt, kriegt ihr fünf Mark.« Dann haben wir ihnen solche Schwimmkissen gekauft, haben ihnen erklärt, wie man schwimmt, haben sie ins Wasser ge-

setzt (sozusagen getauft), haben es ihnen vorgemacht – aber durch das alles waren die noch keine Schwimmer.
Die wussten alles ganz genau, wie man's machen muss. Die sahen an uns Eltern, dass es auch ohne Schwimmkissen geht, die hatten alle Voraussetzungen, aber: sie hatten sich noch nicht entschlossen, selber loszuschwimmen.
Eines Tages sitzt eine unserer Töchter am Ufer eines Sees und stiert aufs Wasser. Auf einmal steht die auf, sagt: »Ich schwimme jetzt«, marschiert ins Wasser und schwimmt los. Ich war ganz entzückt und zückte den versprochenen Fünfmarkschein. Ich hüpfte wie Rumpelstilzchen am Ufer auf und ab und wedelte mit der Belohnung – und sie schwamm! Siehst du: Das ist Bekehrung. Da macht dir Jesus ein Angebot und sagt: »Komm her zu mir.« Und dann liegt es an dir, ob du kommst. Viele Christen bleiben ihr Leben lang bloß Schwimmkissenchristen. Die haben sozusagen unter den einen Arm den Taufschein und unter den anderen die Bescheinigung der Gemeindezugehörigkeit geklemmt und denken, mit diesen beiden Papierflügeln könnten sie schon in den Himmel fliegen.
Nein! Ohne deinen persönlichen Entschluss kommst du nicht in Gottes Reich. Das seichte Massenchristentum genügt nicht! Deshalb hat Jesus damals einfach in die fromme Masse reingerufen: Her zu mir!
Irgendwann im Leben musst du aus der Masse der unentschiedenen Christen heraustreten und eine klare Entscheidung für Jesus fällen. Wenn du das noch nie getan hast, dann meint Jesus dich, wenn er heute wieder ruft: Her zu mir! Du kannst diesen Schritt heute tun. Du kannst nachher hier vorkommen und vor allen bezeugen, dass du den Ruf gehört hast.

Überströmend

Liebe Freunde, natürlich weiß ich, dass viele von euch schon lange zu Jesus gekommen sind. Ihr seid gekommen, ihr habt

getrunken, euer Durst ist gestillt, ihr habt ein neues Leben bekommen, ihr habt erreicht, was Jesus sagt: »Wer Durst hat, komme zu mir und trinke.«
Aber ist das alles? Habt ihr auch erreicht, was Jesus im nächsten Vers sagt: »Wer an mich glaubt, wie die Schrift sagt, von dessen Leib werden Ströme des lebendigen Wassers fließen«? Ich liebe dieses Wort. Es ist eine der herrlichsten Verheißungen der Bibel. Hier wird uns nicht nur Leben, sondern überströmendes Leben versprochen, und ich hoffe, dass heute in dieser Kirche eine große Sehnsucht entsteht nach der Fülle von Gottes Kraftstrom. Leute, gebt euch nicht zufrieden mit dem Schluck, der euch gerettet hat, sondern streckt euch aus nach dem vollen Segen, damit ihr alles kriegt, was Gott euch geben will: überströmendes Leben.

Einflussreich

Stell dir vor, was das heißt: Du brauchst keine einflusslose Null, du kannst eine einflussreiche Persönlichkeit sein. Du kannst mit dem Apostel Paulus sagen: »Ich kann alles durch den, der mir die Kraft gibt – Jesus.«
Ja, du! »Ich kann alles« – das hängt nämlich nicht davon ab, was du für Fähigkeiten hast, sondern ob du den Heiligen Geist hast. Vers 39: »Das« – das mit dem überströmenden Leben – »sagte er aber von dem Geist, welchen empfangen sollten, die an ihn glaubten. Denn der Geist war noch nicht da, denn Jesus war noch nicht verherrlicht.«
Damals im Tempel von Jerusalem, da war der Geist noch nicht da. Aber heute, zu Pfingsten 1976 in der Nikolaikirche Leipzig, da ist er da. Pfingsten, die Ausgießung des Geistes, hat stattgefunden.
Wir brauchen nicht mehr zu bitten, dass der Geist kommen möge, sondern wir können danken, dass er gekommen ist. Wir können mit Paulus sagen: »Die Liebe Gottes ist ausgegos-

sen in unser Herz durch den Heiligen Geist, welcher uns gegeben ist.«
Das ist perfekt, das ist Fakt, das ist die Tatsache, von der du ausgehen kannst. Hast du diese Tatsache vergessen? Dann muss ich dich mit den Worten des Apostels Paulus fragen: »Wisst ihr nicht, dass euer Leib ein Tempel des Heiligen Geistes ist, der in euch wohnt?«

Nicht warten – danken!

Ich weiß nicht, mit welchen Erwartungen du hierher gekommen bist. Vielleicht hast du, weil Pfingsten ist, erwartet, in irgendeiner Form den Heiligen Geist zu erleben?
Ich sage dir: Hör endlich auf, auf den Heiligen Geist zu warten. Fang endlich an, für ihn zu danken! Danke, dass er in dir wohnt, dann wirst du was erleben! Dann wird in deinem Leben eine Revolution stattfinden. Danke Gott, dass er deinen Leib gewürdigt hat, seine Wohnung zu sein, und du wirst erleben, dass von deinem Leib Kraftwirkungen ausgehen.

Auf der Flutseite

Du und ich, wir leben auf der Flutseite von Pfingsten. Um uns herum ist der Boden trocken. Sieh dir doch die Gesichter der Menschen an, wie ausgedörrt sie sind von Enttäuschung, wie gierig nach ein bisschen Glück. Du kannst ihnen abgeben von der Liebe, die du empfangen hast. Jesus hat dich dazu berufen, dass von deinem Leib Ströme des lebendigen Wassers fließen.
Und was ist los, wenn bei dir nichts fließt? Dann bist du ein toter Christ. Viele Christen sind wie das Tote Meer. Da fließt immer nur Wasser rein, aber nie welches raus. Was ist los, wenn es in deinem Leben nicht läuft? Dann ist irgendwas verstopft. Dann steckt an irgendeiner Stelle deines Lebens eine

Sünde, die den Strom blockiert. Dann sage zu Jesus: »Herr, zeige mir, woran's liegt, was du ändern möchtest, was raus muss.«

Und dann raus mit der Sünde – und es wird ein Leben wunderbaren Segens beginnen, von dem du dir nichts träumen ließest, du und alle, mit denen du in Berührung kommst. Das hat Jesus denen versprochen, die an ihn glauben.

Volles Rohr, volle Pulle

Verstehst du: Es kommt alles darauf an, dass du volles Rohr an Jesus glaubst. Dann fließen die Ströme, volle Pulle. Die Probe kannst du gleich nächste Woche machen.

Morgen früh bist du wieder in deiner Klasse, wo du der einzige Christ bist. Wieder in deiner Familie, die dich ankotzt. In deiner Jugendgruppe, die so langweilig ist. Die Atmosphäre wird sich ändern, und zwar durch dich, wenn du an Jesus glaubst.

Glauben heißt nicht: Für wahr halten. Glauben heißt: Ich nehme in Anspruch. Nimm in Anspruch, was Jesus spricht. »Wer an mich glaubt, wie die Schrift sagt, von dessen Leib werden Ströme des lebendigen Wassers fließen.«

Jesus erinnert hier an ein Wort aus dem Alten Testament. Durch den Propheten Jesaja hatte Gott gesagt: »Ich will Wasser gießen auf das Durstige und Ströme auf das Dürre, ich will meinen Geist auf deinen Samen gießen und meinen Segen auf deine Nachkommen.«

Diese Verheißung hat sich zum ersten Mal erfüllt, als Gott zu Pfingsten seinen Geist ausgoss. Diese Verheißung erfüllt sich auch heute für jeden, der glaubt – für dich und für mich.

Gebet

Ich bete:

Herr Jesus, ich glaube, dass das, was in der Bibel von dir ge-

schrieben steht, stimmt. Ich glaube, dass du der Sohn Gottes bist. Ich glaube, dass du am Kreuz für mich gestorben und vom Tod auferstanden bist.
Weil ich das glaube, nehme ich jetzt auch deine Verheißung für mich in Anspruch und berufe mich auf deine eigenen Worte, dass vom Leib dessen, der an dich glaubt nach der Schrift, Ströme des lebendigen Wassers fließen.
Ich danke dir, dass auf dich Verlass ist und dass ich jetzt alles weitere deinem Heiligen Geist überlassen kann. Jesus, ich preise deinen herrlichen Namen. Amen.

Gott senkt die Preise nicht

Matthäus 13, Verse 45-46:

(45) Abermals ist gleich das Himmelreich einem Kaufmann, der gute Perlen suchte. (46) Und da er eine köstliche Perle fand, ging er hin und verkaufte alles, was er hatte, und kaufte sie.

Zwei Typen stehen auf dem Rummel vorm Bierzelt. Gegenüber, bei der Zuckerwatte, stehen ein paar Puppen, Zuckerpuppen. Die eine winkt einladend. Sagt der eine Typ: »Guck mal, kennst du das Girl?« »Na klar«, sagt der andere, »das ist die Grippe.«
»Was? Wie heißt die? Grippe?« »Na ja, die nennen wir eben so, weil sie jeder schon mal gehabt hat.«
Ein Mädchen, das jeder schon mal gehabt hat, ist nicht viel wert. Die billigen Flittchen, die du von der Straße weg mit ins Bett nehmen kannst, kannst du vergessen. Das ist nichts für die Dauer. Wenn du ein Mädchen für die Dauer suchst, für die Dauer eines ganzen Lebens, dann muss das eine sein, die du achten kannst, verehren. So was findest du kaum auf dem Rummel. So was musst du suchen. Und wenn du eines Tages eine findest, von der du sagst: Die oder keine, dann bist du, um die zur Frau zu kriegen, zu jedem Opfer bereit.

Zu jedem Opfer bereit

Als erstes opferst du deine Bequemlichkeit. Früher warst du zu faul, auch nur um die Ecke bis zum Briefkasten zu gehen. Jetzt läufst du nachts, wenn der letzte Bus weg ist, von einem Ende der Stadt zum andern und findest das auch noch schön.

Und was bisher keine Macht der Welt fertig brachte – dass du deine Jeans ausziehst und ins Opernhaus gehst, das machst du jetzt freiwillig: Du trabst mit Schlips und Bügelfalte in die Oper und zahlst auch noch Geld dafür, und nicht nur für dich, sondern auch für dein Mädchen. Für die gibst du dein Geld, deine Zeit, verzichtest auf dein Hobby, trennst dich von deinen Freunden, änderst deine Lebensgewohnheiten, bist wie verwandelt. Um die zur Frau zu kriegen, machst du alles, dafür zahlst du jeden Preis.

Gott hat seinen Preis

Und genauso, sagt Jesus, genauso ist es auch mit Gott. Auch Gott hat seinen Preis. Über diesen Preis möchte ich heute reden. Ich habe dir schon oft gesagt: Du kannst zu Gott so kommen, wie du bist. Gott liebt dich, er will dich haben.
Aber wenn du seiner Einladung folgst, dann musst du wissen: Gott will dich ganz. Dein ganzes Leben – das ist der Preis, den du zahlen musst. Ohne Lebensübergabe kommst du nicht über die Schwelle von Gottes Reich. Auch heute lädt Jesus dich wieder ein und sagt: »Wer Gottes Einladung in sein Reich versteht, der handelt wie ein Kaufmann, der schöne Perlen sucht. Wenn er eine entdeckt, die besonders wertvoll ist, verkauft er alles, was er hat, und kauft sie.«

Gott ist kein Sack Kartoffeln

Das Reich Gottes ist also wie eine Perle, die man suchen muss. Das bedeutet, Gott liegt nicht einfach offen auf der Straße, dass ihn jeder im Vorbeigehen mitnehmen könnte. Gottes Reich ist nicht schon für jeden, der Verstand im Kopf hat, verstehbar und auf Anhieb zu begreifen, ist nicht für jeden, der Augen im Kopf hat, einsichtig.

Einen Sack Kartoffeln, den kannst du sehen, das ist was Reelles, daran kann man sich halten. Aber Gott kann man nicht sehen, und das ist für viele der Grund, ihn für einen Traum zu halten.
Heutzutage denkt ja jeder Dreikäsehoch, wenn er brav seine Portion Milch und Lebertran geschluckt hat, er hätte die Weisheit mit Löffeln gefressen und könne sich ein Urteil über Gott erlauben. Nach dem Motto: »Noch nie hat ein Mensch Gott gesehen. Also: Gott gibt's nicht.«
Dieser Ladenhüter aus der Mottenkiste der atheistischen Propaganda kann doch einen Christen nicht erschüttern. Denn der Satz: »Noch nie hat ein Mensch Gott gesehen«, der steht schon in der Bibel, Joh 1,18. Davon rede ich ja die ganze Zeit: Gott kannst du nicht sehen wie einen Sack Kartoffeln.
Das ist ja der Grund, warum Jesus dauernd in Vergleichen spricht: Gottes Reich ist wie ein Schatz im Acker, wie eine Perle ...

An der richtigen Stelle suchen

Wenn du also Gott erkennen willst, musst du ihn suchen. Aber bitte an der richtigen Stelle!
Zurück zu unserem Gleichnis. Ein Mann, der gute Perlen sucht, wird nicht gerade auf den Rummel gehen. Natürlich gibt's dort auch Perlen, an jeder Bude hängen sie reihenweise an der Stange. Aber bloß billige Dinger, Flitterzeug, das man noch nachgeschmissen kriegt.
Eine kostbare Perle schwimmt nicht auf der Oberfläche rum wie die jungen Gänse, sondern die liegt unten auf dem Grund. Du siehst sie erst, wenn das Wasser ganz ruhig ist. Du kriegst sie erst, wenn du in die Tiefe tauchst.
Und so wie die Perle in einer Muschel verborgen ist, so sind alle Schätze der Gotteserkenntnis verborgen in Christus. Ich leugne nicht, dass Gott überall ist. Er ist in jedem Strauch und

in jeder Erbse, Aber Gott hat nie gesagt: Sucht mich in den Sträuchern und Erbsen, sondern er sagt: Sucht mich in Christus. Das ist die einzige Stelle, wo ihr mich findet, unter Garantie. Das heißt praktisch: Wenn du Gott suchst, musst du die Bibel lesen.

Mit drei Fragen

Manche Leute lesen die Bibel so: Aufklappen, ein paar Verse lesen – habe verstanden. Oder: Nichts verstanden, nach zwei Minuten wieder zuklappen, fertig. Das ist sinnlos. Sondern wenn du gelesen hast, vielleicht mehrmals, dann klappst du nicht das Buch zu, sondern die Augen, hältst deine Klappe und stellst dir ein paar Fragen. Zum Beispiel:
Will ich das, was hier steht?
Habe ich das, was hier steht?
Tue ich das, was hier steht?
Wir wollen das gleich mal ausprobieren an den beiden Bibelversen, über die ich gerade predige, Matth 13, 45 und 46. Wenn du beim Lesen dieser zwei kleinen Verse die drei Fragen »Will ich, habe ich, tue ich, was hier steht?« mit JA beantworten kannst, dann trittst du heute in ein neues Leben ein.

Willst du das?

Also: »Mit dem Reich Gottes ist es wie mit einem Kaufmann, der gute Perlen suchte ...« Erste Frage: Willst du, was hier steht? Hier steht: »Er suchte.« Suchst du Jesus? Suchst du ihn um jeden Preis? Oder bist du damit zufrieden, dass du seit deiner Taufe im großen Sack der Taufscheinbesitzer drinsteckst?
Der übliche Kirchenbetrieb, wo dir der liebe Gott zu gesenkten Preisen nachgeschmissen wird, wo du offiziell als Christ giltst, wenn du einen Taufschein hast und Steuern zahlst – das

hat mit dem Reich Gottes überhaupt nichts zu tun. Das Massenchristentum ohne persönliche Entscheidung hat Jesus nicht gewollt.
Er will, dass dir nichts auf der Welt wichtiger ist als er. Und was ist für dich das Wichtigste?

Hast du das?

Zweite Frage: Hast du, was hier steht? Hier steht: »Er fand.« Hast du Jesus gefunden? Hast du zu ihm ein persönliches Verhältnis? Sprichst du, betest du zu ihm? Hast du Frieden? Hast du ein reines Gewissen?
Wenn du eine Wohnung, ein Wochenendhaus, einen Wartburg und ein gutes Gewissen hast, ist vermutlich irgendwas zuviel. Alles auf einmal kann der Mensch nicht haben.
Aber die Freude, von der Jesus redet, die kann der Mensch haben, auch dann, wenn er kein Haus und kein Geld und keine Gesundheit und kein Auto hat. Hast du diese Freude? Bist du glücklich?
Mensch, hast du schon erfahren, wie herrlich das ist, mit Jesus zu leben?
Viele werden jetzt sagen: Nein, hab ich nicht. Ich habe keine Freude, keine Kraft, keinen Frieden. Ich will dir sagen, woran das liegt. Das hängt mit der dritten, der wichtigsten Frage zusammen.

Tust du das?

Dritte Frage: Tust du, was hier steht? Hier steht: »Er ging hin und verkaufte alles, was er hatte.« Hier hängt alles an dem Wort »alles«!
Ein bisschen fromm sein, ein bisschen Religion, ein bisschen Gott, darüber lassen wir schon mit uns reden. Aber alles tun, was Jesus sagt, alles ihm übergeben, das wollen wir nicht. Wir

machen alle immer wieder den gleichen Fehler: Wir wollen uns ihm nicht ganz ausliefern. Wir wollen, nachdem wir Christ geworden sind, nach unserem eigenen Willen weiterleben.
So wie Corrie ten Boom, die hat mal gesagt: »Ich war froh, dass Jesus mein König ist, aber ich wollte doch lieber selber Ministerpräsident bleiben.« Doch das geht nicht. Jesus sagt: »Wer sein Leben erhalten will, der wird es verlieren, Wer aber sein Leben verliert um meinetwillen, der wird's erhalten.«
Du kannst getauft und bekehrt sein, sooft du willst: Wenn du dein Leben selber bestimmen willst, lebst du an Jesus vorbei, kriegst du nichts von ihm mit. Jesus bietet dir an: Friede, Freude, Geborgenheit, Glück, sinnerfülltes, ewiges Leben. Das ist die Perle.

Was hast du noch?

Stell dir vor, ein Mann kommt und will diese Perle kaufen. »Ich möchte die Perle. Wie viel kostet sie?« Der Verkäufer sagt: »Sie ist sehr kostbar.« »Wie viel kostet sie?« »Ich sage doch: Sie ist sehr teuer.« »Meinst du, ich könnte sie kaufen?« »Ja, selbstverständlich. Jeder kann das.« »Aber du hast doch eben gesagt, sie wäre sehr teuer. Wie teuer ist sie denn nun?« »Sie kostet alles, was du hast. Nicht mehr und nicht weniger. Deshalb kann sie jeder kaufen«
»Ich kaufe sie.« »Was hast du? Komm, wir schreiben mal auf.« »Ich habe 5.000 Mark auf der Sparkasse.« »Gut, 5.000 Mark. Was noch?« »Mehr hab ich nicht. Das ist alles.« »Mehr hast du nicht?« »Na ja, noch ein paar Mark in der Tasche.« »Wie viel?« »Wolln mal sehn: 20, 30, 40 – 40 Mark.« »Gut, was hast du noch?« »Mehr hab ich nicht, das ist alles.« »Wo wohnst du?« »In meinem Haus.« »Garage hast du auch? Her damit. Was noch?«
»Soll das heißen, dass ich in meinem Auto wohnen soll?« »Hast du ein Auto?« »Ich hab zwei.« »Kriege ich auch. Alle

beide. Was noch?« »Also jetzt hast du das Haus, die Garage, die Autos, alles – ich hab nichts mehr.«
»Du Ärmster! Bist du ganz allein auf der Welt?« »Nein, ich hab eine Frau, zwei Kinder.« »Die kriege ich auch.« »Die auch?«
»Ja, alles, was du hast. Hast du noch was?« »Mehr hab ich nicht, ehrlich. Jetzt bin bloß ich allein noch übrig.« »Ja, du auch. Alles kriege ich: Frau, Kinder, Haus, Garage, Autos, Geld, Kleidung, alles. Und dich auch.«
Das ist der Preis. Totale Lebenshingabe. Unter dem tut's Jesus nicht. »Er verkaufte alles, was er hatte.« Hast du das schon getan? Bist du bereit, das zu tun?

Weiter benutzen

Es geht jetzt nicht darum, dass du morgen losrennst, deine sämtlichen Möbel und Klamotten verhökerst und dann in einer leeren Bude sitzt. Sondern es geht darum, dass du zu Jesus sagst: »Herr, alles, was ich bin und habe, ist dein Eigentum. Ich übergebe dir mein Leben. Mach damit, was du willst. Ich will dir gehorchen.« Wenn du Jesus so dein Leben übergibst, bedeutet das nicht, dass du keinen Besitz mehr haben darfst. Du darfst deine Klamotten, deine Schallplatten, deinen Recorder und deinen übrigen Kram ruhig weiter benutzen. Aber du darfst nie vergessen: das alles gehört jetzt Jesus. Genau wie du. Du bist nur der Verwalter. Und wenn er irgendwas braucht von den Dingen, die du jetzt benutzt, dann musst du sie ihm geben. Du kannst zum Beispiel nicht großzügig sagen: »Ich stelle Jesus meine Zeit zur Verfügung.« Die Sache ist umgekehrt, mein Lieber: »Gott gab dir Zeit zum Leben, deshalb hast du auch Zeit.«
Das haben wir so oft gesungen, und so wenige haben es wirklich begriffen, sonst hätten wir nicht dauernd in der jungen Gemeinde Mangel an Mitarbeitern. Und wenn Jesus deine

Zeit braucht, kannst du gleich gar nicht sagen: »Das geht jetzt nicht, das ist meine Zeit.« Nein, das ist eben nicht mehr deine Zeit, deine Wohnung, deine Gitarre, dein Leben, deine Frau, dein Geld, dein Tonbandgerät. Es ist alles Eigentum von Jesus. Genau wie du.
Wenn du Jesus dein Leben übergibst, ändert sich an deinem Besitz zunächst vielleicht gar nichts. Aber deine Einstellung zum materiellen Besitz, zum Leben, die ändert sich spürbar!

Meine Tassen, deine Tassen

Mit Gottes Reich ist es wie mit der Ehe. Wenn zwei heiraten, behalten beide ihr Eigentum. Aber keiner sagt mehr: das sind meine Tassen, das sind meine Schränke. Was ihm gehört, gehört auch ihr, und umgekehrt. Beide behalten ihr Eigentum, aber es gehört auch dem anderen. Beide behalten ihren Willen, aber sie wollen den Willen des anderen tun. Beide bleiben die gleiche Persönlichkeit, aber sie gehören nicht mehr sich selber.
Das heißt nicht, dass du als Christ keinen Willen mehr hast. Doch, du hast nach wie vor deinen eigenen Willen, aber du willst jetzt nicht mehr deinen, sondern Seinen Willen tun. Um Ihm zu gehören, gibst du alles auf. Alles. Das ist der Preis.

Nicht verdaut?

Und was ist mit denen, die bloß den halben Preis zahlen? Was ist mit den Christen, die Jesus ihr Leben nicht völlig ausliefern? Diese Christen kotzen Jesus an. Schärfer als mit diesem harten Ausdruck kann dir Jesus gar nicht sagen, wie sinnlos jede Halbheit ist. »Ich weiß«, sagt Jesus (Offb 3,16), »ich weiß, dass ihr weder kalt noch warm seid. Wenn ihr wenigstens eins von beidem wärt! Aber ihr seid lauwarm, darum werde ich euch aus meinem Munde ausspucken.«

Was sind die Dinge, die wir rückwärts essen müssen? Wir müssen die Dinge erbrechen, die nicht verdaut sind. Die Christen, die Jesus ausspuckt, sind die, die sich nicht von ihm »verdauen lassen«. Mit »verdauen lassen« meine ich: Du stellst dich ihm ganz zur Verfügung. Du wirst verwandelt in Jesus.

Neulich – das heißt, es ist schon eine Weile her, also überneulich – aß ich ein Steak. Als ich es runter hatte, ging ich in meinen Magen. Da kam gerade der Magensaft an, um das Steak aufzulösen. »Guten Abend, Steak«, sagte er, »wie fühlst du dich?«

»Wunderbar. Was möchtest du?« »Ich komme«, sagte der Magensaft, »um dich aufzulösen und in Theo Lehmann zu verwandeln«. »Moment mal«, sagte das Steak, »es ist schon genug, dass der mich gegessen hat; aber völlig verschwinden – da mache ich nicht mit. Ich hab ja nichts dagegen, wenn ich hier in Theos Magen bin. Aber ich möchte, bitte sehr, ein Steak bleiben.«

»Tut mir leid«, sagte die Säure, »entweder du lässt dich jetzt auflösen und in Theo Lehmann hineinverwandeln, oder der Theo muss kotzen.« Ich musste nicht. Das Steak ließ sich auflösen, es wurde ein Teil von mir.

Bevor ich das Steak aß, war es Teil einer unbekannten Kuh hinterm Lausitzer Gebirge. Kein Mensch hat das Vieh beachtet, wenn es auf der Weide pläkte. Aber jetzt, nachdem es sich hat auflösen lassen, predigt dieses Steak auf der Kanzel der Schlosskirche.

So ist es mit uns. Um bei Jesus »in« zu sein, musst du ihm dein Leben ausliefern. Das meint er, wenn er sagt: »Wer sein Leben verliert, der wird es haben.« Dein Leben, das ist der Preis.

Gott senkt die Preise nicht

Solange es heißt: Jesus liebt dich, er gibt dir ein neues Leben, lassen sich das die Leute gefallen. Aber wenn die Rede aufs Bezahlen kommt, sind sie sauer.

Das war schon immer so. Als Jesus den Leuten Brot zu essen gab, da waren sie von ihm begeistert, da war er der King. Aber als sie merkten, dass er von ihnen etwas verlangte – was heißt hier »etwas«, alles, die totale Lebenshingabe –, da hauten viele wieder ab.
Er hat nicht gesagt: Nun ja, also gut, ich bin schon zufrieden, wenn ihr mir ein bisschen was von eurem Leben abgebt. Und mal einen Seitensprung, eine kleine Notlüge, da bin ich nicht kleinlich. Hauptsache, ihr seid irgendwie so'n bisschen christlich. Und meine Worte, die braucht ihr nicht so wörtlich zu nehmen. Nein, so billig hat sich Jesus nicht verkauft. Nicht ein Wort hat er zurückgenommen. Lieber hat er die Massen, die vor seinen radikalen Forderungen zurückschreckten, abwandern lassen. Er rennt euch nicht nach wie ein Bettler, er winselt nicht um eure Gunst, ob ihr vielleicht so lieb sein wollt, ihm ein bisschen zu folgen.
Er senkt euretwegen nicht die Preise. Er bleibt dabei: Gib mir dein ganzes Leben. Das ist der Preis.
Auch heute stellt euch Jesus, während die Massen in unserem Lande von ihm abfallen, vor die knallharte Entscheidung: Wollt ihr auch weggehen?
Ich bin entschlossen, dem Herrn zu folgen. Und jeder von euch, der auch dazu bereit ist, kann jetzt mitsingen: »Ich bin entschlossen, dem Herrn zu folgen.«

Noah und die »windige Theologie«

Matthäus 24, Verse 35-39:

(35) Himmel und Erde werden vergehen; aber meine Worte werden nicht vergehen. (36) Von dem Tag aber und von der Stunde weiß niemand, auch die Engel nicht im Himmel, sondern allein mein Vater. (37) Aber gleich wie es zu der Zeit Noahs war; also wird auch sein die Zukunft des Menschensohnes. (38) Denn gleich wie sie waren in den Tagen vor der Sintflut – sie aßen, sie tranken, sie freiten und ließen sich freien, bis an den Tag, da Noah zu der Arche einging; (39) und sie achteten's nicht, bis die Sintflut kam und nahm sie alle dahin –, also wird auch sein die Zukunft des Menschensohnes.

Keiner kennt die Zukunft. Mit einer Ausnahme – das sind die Christen. Wir Christen sind die einzigen, die über die Zukunft Bescheid wissen, weil Jesus uns darüber Bescheid sagt. Er sagt: »Himmel und Erde werden vergehen.« Eines Tages ist der letzte Tag. Eines Tages ist Schluss. Eines Tages ist die Welt zu Ende.

Einige Anzeichen

Jesus nennt einige Anzeichen, an denen die Nähe des Endes zu erkennen ist, zum Beispiel:

1. Es werden Leute auftreten, die von sich behaupten, sie wären Christus.
2. Es wird Kriege geben.
3. Es wird Revolutionen geben.
4. Es wird ein Volk gegen das andere kämpfen.
5. Es wird Erdbeben geben.

6. Es wird Hungersnot geben.
7. Es wird eine große Christenverfolgung geben. »Ihr werdet gehasst werden um meines Namens willen von allen Völkern.«
8. »Der Unglaube wird überhand nehmen«, deswegen wird
9. »Die Liebe in vielen erkalten.«
10. »Es wird gepredigt werden das Evangelium vom Reich in der ganzen Welt zum Zeugnis für alle Völker.« Danach wird
11. Israel zum Glauben an Jesus kommen und
12. (Lk 21, 25-27) »es werden Zeichen geschehen an Sonne und Mond und Sternen, und auf Erden wird den Leuten bange sein ... und die Menschen werden verschmachten vor Furcht und vor Warten der Dinge, die kommen sollen über die ganze Erde. Denn auch der Himmel Kräfte werden ins Wanken kommen. Und dann werden sie sehen des Menschen Sohn kommen in einer Wolke mit großer Kraft und Herrlichkeit.«

Nun hat es schon zu allen Zeiten Kriege, Erdbeben und Hungersnöte gegeben. Aber es hat noch nie eine Zeit gegeben, wo so viele Anzeichen des Endes gleichzeitig da waren, und die Sammlung des Volkes Israel nach 2000 Jahren Zerstreuung ist eines der deutlichsten Zeichen unserer Zeit und der Endzeit.

Jesus kommt wieder

Mir geht es aber nicht um die Vorzeichen und auch nicht darum, wie das dann alles der Reihe nach ablaufen wird – da sehe ich im einzelnen selber auch nicht ganz durch. Mir geht's um das, worauf die Anzeichen hinweisen; die Wiederkunft von Jesus.

Das hat er selber immer wieder gesagt, und immer wieder hat man ihn gefragt: Wann?

Seine Antwort (Vers 36): »Den Tag oder die Stunde kennt niemand, auch nicht die Engel im Himmel, auch nicht der Sohn, sondern allein der Vater.«

Mach dir also keinen Kopp darüber, wann Jesus kommt. Überleg dir lieber, wie du dann vor ihm bestehen kannst, wenn du vor ihm stehen wirst. Jetzt kannst du dich ja noch vor ihm drücken. Aber wenn er wiederkommt, geht das nicht mehr. Die Bibel sagt (1Joh 3,2): »Wir werden ihn sehen, wie er ist.«
Dann musst du der Tatsache ins Auge sehen, vor der du bisher deine Augen verschlossen hast, nämlich der Tatsache, dass Jesus lebt, dass die Christen nicht gesponnen haben, dass die Bibel kein Märchenbuch ist.

Du bist auf alle Fälle dabei

Wenn Jesus wiederkommt, kannst du dich nicht drücken, nicht mal durch den Tod. Denn die Toten werden auferstehen, und egal, ob du am Jüngsten Tag schon gestorben oder noch am Leben bist – bei dem Treffen mit Jesus bist du auf alle Fälle dabei.
Du wirst ihn sehen. Du wirst ihn sehen müssen. Und er wird dich ansehen. Und er wird dich fragen. Und du musst antworten. Im Jüngsten Gericht musst du Rechenschaft geben über alles, was du getan oder auch nicht getan hast, über jede Lüge, jede Unterschrift, jedes Versagen, ja sogar über jedes unnütze Wort.
Es hängt ganz von dir ab, welches Urteil Gott dann über dich fällt und wo du die Ewigkeit verbringst: Entweder du lebst in Ewigkeit mit Gott – das ist der Himmel. Oder du lebst in Ewigkeit ohne Gott – das ist die Hölle.

Nicht vorstellen, sondern vorbereiten

Jetzt komm mir nicht mit dem Einwand, du könntest dir das alles nicht vorstellen – alle Menschen auf einem Haufen, wo die Platz haben und wie lange das Gericht dauern soll und so. Weiß ich auch nicht. Kann ich mir auch nicht vorstellen.

Aber in der Bibel steht nicht, du sollst dir die Wiederkunft von Jesus vorstellen, sondern dort steht, du sollst dich darauf vorbereiten. Jesus sagt (Mt 24, 44): »Seid bereit!«
Also: Bist du bereit? Bist du bereit, Jesus zu treffen?
Wenn du zur Kirche gehörst, heißt das noch lange nicht, dass du bereit bist. Deine Kirchenzugehörigkeit, deine Taufe, Konfirmation und kirchliche Trauung ist alles für die Katz, wenn keine völlige Hingabe an Jesus dahintersteht.
Deine Kirchensteuer, dein Kollektenopfer ist die reine Geldverschwendung, dein Bibellesen, Beten, Rennen in die Petrikirche ist die reine Zeitverschwendung, wenn du nicht bekehrt bist. Denn zum Bereitsein gehört zweierlei: erstens eine klare Bekehrung, zweitens eine praktische Heiligung. Bekehrung ist, wenn du dich von der Sünde trennst und an Jesus glaubst. Bist du bekehrt? Wenn nicht, dann bekehre dich heute. Und wenn ja – führst du ein Leben der Heiligung? Heiligung ist, wenn du das, was du glaubst, auch tust. Christsein ohne Bekehrung ist Nonsens. Bekehrung ohne Bewährung ist Nonsens. Bereitsein ist alles. Deshalb sagt Jesus: »Seid bereit!«

Mut für den heutigen Tag

Wenn wir an jedem Tag so leben würden, als ob es der allerletzte vor dem Jüngsten Gericht wäre – was für eine Veränderung würde das hier auf der Erde bewirken! Um diese Veränderung geht es. Jesus will dir doch nicht Angst machen vor dem Jüngsten Tag, sondern er will dir Mut machen für den heutigen Tag.
Lebe heute so, dass du morgen vor Jesus hintreten kannst – dann lebst du frei, dann lebst du gut, dann lebst du richtig, dann hast du das wahre, das ewige Leben.
Jesus geht es nicht um Vertröstung aufs Jenseits, sondern um Veränderung des Diesseits. Deshalb sagt er (Mt 24, 44): »Darum seid auch ihr bereit!«

Auch ihr! Also auch ihr hier, ihr Namenchristen, ihr Unentschiedenen, ihr Bekehrten und Unbekehrten. Jetzt können wir uns noch selber und gegenseitig was vormachen Aber wenn Jesus kommt, ist es mit den frommen Spielchen und auch mit dem großfressigen Getue vorbei. Dann kommt die klare Scheidung der Entschiedenen und Unentschiedenen. Dann ist es zu spät für Reue und Umkehr. Dann lässt sich nichts mehr machen. Es gibt ein Zuspät.
Aber heute ist für dich doch nichts zu spät. Heute sagt dir Jesus klipp und klar, worauf es ankommt und was du zu erwarten hast. Es kommt darauf an, dass du mit Jesus gehst, sonst vergehst du im Feuer des Gerichts. 2Petr 3,7: »Die Welt wird durch Feuer zerstört werden. Das geschieht an dem Tag des Gerichts, an dem die Menschen, die Gott nicht gehorcht haben, verdammt werden.«

Frommer Horror?

Nun weiß ich natürlich, dass viele von euch denken: »Das ganze Gerede von Wiederkunft, Totenauferstehung, Gericht, Verdammnis und Vergehen der Welt im Feuer ist doch hirnverbrannter Blödsinn, Schauermärchen aus der mittelalterlichen Mottenkiste, religiös verbrämte Science fiction, Angstmacherei, frommer Horror. Als moderner Mensch kann man so was doch nicht ernstnehmen.« Also, so modern ist deine Reaktion ja nun auch nicht gerade, denn auch das hat Jesus schon vorausgesagt. Als er gefragt wurde (Mt 24,3): »Welches wird das Zeichen sein deines Kommens und des Endes der Welt?«, da antwortete er (Mt 24,3 ff): »Wie es in den Tagen Noahs war, so wird auch sein das Kommen des Menschensohnes. Denn wie sie waren in den Tagen vor der Sintflut – sie aßen, sie tranken, sie freiten und ließen sich freien bis an den Tag, da Noah in die Arche hineinging: und sie achteten's nicht, bis die Sintflut kam und nahm sie alle dahin – so wird auch sein das Kommen des Menschensohns.«

Damals ließ Gott die Menschen durch Noah warnen.Aber, so heißt es hier, »sie achteten's nicht«. Sie haben ihn überhaupt nicht beachtet, einfach nicht für voll genommen. Die waren mit ganz anderen Dingen voll beschäftigt: »Sie aßen, sie tranken, sie freiten und ließen sich freien.«

Leben wie ein Hund?

Essen, Trinken und Heiraten sind sehr angenehme, nützliche, von Gott gewollte Beschäftigungen. Aber wenn von jemandem weiter nichts zu sagen ist als: er isst, er trinkt, er hat Geschlechtsverkehr – da weiß man ja noch nicht mal, ob von einem Menschen oder einem Hund die Rede ist.
Denn Essen, Trinken und Sex – die drei Dinge hat der Mensch mit dem lieben Vieh gemeinsam. Aber schließlich muss es da doch noch einen Unterschied geben. Und den gab's damals eben nicht. Das Leben der Menschen vor der Sintflut erschöpfte sich in Saufen, Sex und Fressen. Das war alles. Darum drehte sich alles. Mehr war nicht drin. Mehr war zu ihrer Charakterisierung nicht zu sagen.
Die lebten sich selber, liebten sich selber, genügten sich selber. Und so was wie Gott war völlig außerhalb ihres Gesichtskreises. Und nun sagt Jesus: So wie die Leute waren, bevor die Sintflut kam, werden sie auch sein, bevor ich wiederkomme. Und wie sind die Leute heute?

Treffend charakterisiert

Niemand kann leugnen, dass viele Menschen unserer Zeit treffend charakterisiert sind durch die drei Begriffe Saufen, Sex und Fressen. Ich war im Sommer zur Kur. Fünf Wochen war ich zusammen mit Männern des unterschiedlichsten Niveaus, Einkommens, Bildungsgrades. Fünf Wochen lang Hauptthema der meisten: das Fressen, das Saufen, der Kurschatten.

Über die sexuelle Zügellosigkeit der Menschen zu Noahs Zeiten wird in der Bibel ausdrücklich berichtet. Über die Sexwelle unserer Zeit brauche ich mich nicht zu verbreiten, die ist schon breit genug, und ihr wisst selber am besten, was los ist. Bleiben wir mal beim Essen und Trinken. Seit Jahrzehnten sterben in jedem Jahr 50 Millionen Menschen, weil sie nicht genug zu essen haben. Und 500 Millionen Kinder haben nur unsauberes Wasser zum Trinken, was für Millionen Krankheit und Tod bedeutet. Die Hungernden werden nicht weniger, sondern immer mehr. Die Reichen werden immer reicher, die Armen immer ärmer.

Das ist nichts Neues. Das sagt heute jeder politische Redner, das sage ich ungefähr in jeder dritten Predigt, das ist euch schon langweilig, und das ist das Allerschlimmste. Jesus hat gesagt: Bevor er kommt, kommen Hungersnöte, und die Liebe wird in vielen erkalten.

Wir leben schon längst im Zeitalter der Lieblosigkeit, wo jeder eiskalt nur an die eigene Wampe und jedes Volk nur an den eigenen Wohlstand denkt. Sonst wäre es ja nicht möglich, dass in jeder Minute acht Menschen verhungern, während gleichzeitig an jedem Tag eine Milliarde Dollar für Waffenproduktion ausgegeben wird. »Nach uns die Sintflut« – das ist das Motto der Rüstungsgesellschaft, der Umweltverschmutzer, der Wohlstandsgesellschaft. Und wenn du mit dem Strom schwimmst, wird die Flut dich mitreißen. Die Flut um uns steigt. Es steigen die Rüstungsausgaben, die Abtreibungen, der Aberglaube, der Alkoholismus, die Selbstmorde und Ehescheidungen, die Kriminalität und die Gewalt, die Angst und der Terrorismus, die Preise. Jede Nachrichtensendung bestätigt die Angaben der Bibel. Die Vorzeichen der untergehenden Welt, wie Jesus sie genannt hat, sind vor unseren Augen. Die Zeichen der Zeit sind nicht zu übersehen, aber die Menschen unserer Zeit wollen sie nicht sehen, genau wie die Menschen zur Zeit Noahs: »...und sie achteten nicht darauf.«

»Auf dem Berg ein Irrer!«

Da lebte also unter den Menschen damals ein Mann, von dem die Bibel (1Mo 6,9) sagt: Er lebte mit Gott. Er ließ sich nicht von der Sex-, Sauf- und Fresswelle mitreißen. Er lebte nicht nach den Idealen seiner damaligen Gesellschaft: Wohlstand und Wachstum. Er baute sich nicht zusätzlich zur Villa noch eine winterfeste Datscha, er baute sein Leben nicht auf materiellen Besitz auf, sondern er baute sein Leben auf Gott.
Deshalb baute er, als Gott es ihm befahl, ein Schiff. Und was für eins! 145 Meter lang, drei Decks mit einer Deckfläche von 89.000 Quadratmetern – das sind ungefähr 18 Fußballfelder, da passen mehr drauf als ein Elefant und zwei Eichhörnchen. Rauminhalt 39.500 Kubikmeter, also ein Brummer von der Größe eines heutigen Ozeanriesen.
Und dieses Monstrum von einem Schiff baut der Noah mit seinen Söhnen genau nach den Angaben, die Gott ihm gemacht hat (1Mo 6,22): »Und Noah tat alles, was Gott ihm gebot« Er baut mitten auf dem Festland. Mitten im Gebirge. Weit und breit kein Wasser. Am Anfang war der Mann natürlich eine Sensation. »Ham Sie schon gehört? Oben auf dem Berg sitzt ein Irrer, der baut sich ein Schiff!« Sonntagnachmittag rammelt alles raus, um sich den Verrückten anzugucken. Tatsächlich hobelt der da an riesigen Planken rum, bastelt an seiner Arche! Muss irgendwie nicht ganz rund laufen, der Kollege Noah.

Interview mit Radio Eriwan

Ein Reporter vom Sender Eriwan macht sich an ihn ran, hält ihm das Mikrofon unter den Bart:
»Herr Noah, wir sind alle sehr beeindruckt von Ihrer Hobbytätigkeit. Würden Sie bitte uns und unseren Hörern an den Lautsprechern sagen, was Sie gerade bauen?«

»Ein Schiff.«
»Ein Schiff, sehr interessant Also im Moment sieht es ja noch mehr aus wie die Kongresshalle in Karl-Marx-Stadt. Also gut, ein Schiff. Und was haben Sie mit dem Schiff vor?« »Schwimmen.«
»Schwimmen? Sehr interessant. Hier oben im Gebirge? Fehlt Ihnen da nicht ein bisschen was hier oben? Ich meine, fehlt Ihnen nicht ein bisschen Wasser hier oben?«
»Es wird 40 Tage lang regnen, dann ist das Wasser auch hier oben.«
»40 Tage lang Regen? Was Sie nicht sagen! Das widerspricht zwar allen Erfahrungen der Wissenschaft. Auch können unsere Meteorologen, die noch nie gelogen haben, nirgends Anzeichen für einen solchen Überschuss an Regen sehen; aber auf alle Fälle werde ich in Zukunft nur noch mit dem Regenschirm ins Büro gehen, höhöhö, Gummistiefel, Schirm und Hut schützen mich vor jeder Flut.
Sagen Sie, Herr Noah – wie sind Sie denn auf die irre Idee, Verzeihung: auf die interessante Idee gekommen, dieses, äh, dieses Schiff zu bauen? Und mit dem Regen – woher wissen Sie das eigentlich alles?«
»Von Gott.«
»Wie bitte?«
»Von Gott.«
»Entschuldigen Sie, Herr Noah, Ihre Black & Decker macht solchen Lärm, ich hab da jetzt wohl was nicht richtig verstanden – von wem hatten Sie Ihre Informationen?«
»Von Gott, Gott hat es gesagt.«
»Herr Noah, gestatten Sie eine letzte Frage. Sie berufen sich hier auf das Wort Gottes. Sind Sie studierter Theologe?«
»Nein.«
»Na sehen Sie, da haben wir's. Sie sind also ein Laie. Also einer, der so ganz naiv einfach das Wort Gottes ernst nimmt.«
»Genauso ist es.«

»Moment mal, nun sagen aber die Theologen, man könne das Wort Gottes nicht so wörtlich nehmen. Wenn Gott sagt: Es kommt eine Flut, dann muss man das bildlich, symbolisch verstehen, verstehen Sie, im übertragenen Sinne.
Betrachten wir mal das Wort Flut. Flut – das sind die gleichen Buchstaben wie Luft. Gott meint also nicht: es kommt Wasser, sondern: es kommt Luft. Viel Luft. Viel Luft = Wind. Also will Gott sagen: Es wird windig. Was halten Sie von dieser Theologie?«
»Die ist mir zu windig. Ich halte mich lieber an das Wort Gottes. Und wenn Gott sagt: Es kommt eine Flut, dann kommt eine Flut.«
»Wortwörtlich? Ist das Ihr letztes Wort?«
»Ja.«
»Herr Noah, wir danken Ihnen für das Interview und verabschieden uns von Ihnen mit dem Gruß ›Seefahrt ahoi!‹«

Alle haben gelacht

Alle Welt ist sich einig: Der Mann hat eine echte Macke, daran ist kein Zweifel. Und als Noah später mit dem gesamten Viehzeug in die Kongresshalle – Verzeihung: in die Arche marschiert, ist klar: Jetzt ist er völlig durchgedreht.
Die Leute haben ihn verspottet, haben gejohlt, gewiehert – Noah blieb dabei: »Gott hat es mir befohlen.« Und über diese Begründung haben die Leute am meisten gelacht. Noah hat sich als Mensch seiner Zeit auch nicht vorstellen können, dass es 40 Tage lang regnet und das Wasser bis über die Berggipfel steigt. Aber Gott hat ihm ja nicht gesagt, er soll sich das vorstellen, sondern er solle sich darauf vorbereiten.
Und auch als alle sagten, er habe eine Macke, blieb er dabei: Gott hat es gesagt, also wird es so kommen. Und auch wenn ihr alle sagen würdet, ich hätte eine Macke, bleibe ich dabei: Jesus hat es gesagt, also wird es so kommen. Er wird so kom-

men, wie er es angekündigt hat, zu richten die Lebenden und die Toten. Erfolg der Predigt des Noah: »Sie achteten nicht darauf.« 120 Jahre lang hatte Noah Zeit, mit seinen Söhnen die Arche zu bauen und die Menschen zu warnen. 120 Jahre lang: »Sie achteten nicht darauf.« Sie hatten Wichtigeres zu tun, als sich zu bekehren: Saufen, Fressen und Sex. »Heut machen wir einen drauf. Nach uns die Sintflut!«
Und dann kam der Regen. Und dann stieg das Wasser, wurde zur Flut, die alles überschwemmte, auch die Gebirge. Und Noahs Kasten hob ab vom Berg, schwamm. Dieses Ungetüm von einem Schiff schwamm – und er und alle, die in der Arche hockten, wurden gerettet. Alle anderen gingen im Wasser unter.
Das nächste Mal, sagt Gott, kommt nicht Wasser, sondern Feuer, denn (2Petr 3,7): »Die Welt wird durch Feuer zerstört werden. Das geschieht an dem Tag des Gerichts, an dem die Menschen, die Gott nicht gehorcht haben, verdammt werden.«

Du weißt Bescheid

Gott überfällt uns mit seinen Gerichten nicht ohne Vorwarnung. Er hat es den Menschen zu Noahs Zeiten vorhergesagt, was kommt. Und er sagt es heute den Menschen vorher.
Heute sagt er es dir. Und du kannst am Jüngsten Tag nicht sagen: »Ich wusste nichts davon.« Doch, du weißt jetzt Bescheid. Also: Sei bereit.

Niko und Nikodemus

Johannes 3, Verse 1–10:

(1) Es war aber ein Mensch unter den Pharisäern mit Namen Nikodemus, ein Oberster unter den Juden. (2) Der kam zu Jesus bei der Nacht und sprach zu ihm: Meister, wir wissen, dass du bist ein Lehrer, von Gott gekommen; denn niemand kann die Zeichen tun, die du tust, es sei denn Gott mit ihm. (3) Jesus antwortete und sprach zu ihm: Wahrlich, wahrlich, ich sage dir: Es sei denn, dass jemand von neuem geboren werde, sonst kann er das Reich Gottes nicht sehen. (4) Nikodemus spricht zu ihm: Wie kann ein Mensch geboren werden, wenn er alt ist? Kann er auch wiederum in seiner Mutter Leib gehen und geboren werden? (5) Jesus antwortet: Wahrlich, wahrlich, ich sage dir: Es sei denn, dass jemand geboren werde aus Wasser und Geist, sonst kann er nicht in das Reich Gottes kommen. (6) Was vom Fleisch geboren ist, das ist Fleisch; und was vom Geist geboren wird, das ist Geist. (7) Lass dich's nicht wundern, dass ich dir gesagt habe: Ihr müsset von neuem geboren werden. (8) Der Wind bläst, wo er will, und du hörst sein Sausen wohl; aber du weißt nicht, woher er kommt und wohin er fährt. Also ist ein jeglicher, der aus dem Geist geboren ist. (9). Nikodemus antwortete und sprach zu ihm: Wie mag solches zugehen? (10) Jesus antwortete und sprach zu ihm: Bist du ein Meister in Israel und weißt das nicht?

Nicht jeder, der als politischer Verbrecher bezeichnet wird, ist einer. Aber es ist in jedem Fall gefährlich, mit solchen Leuten befreundet zu sein.
Jesus war kein politischer Verbrecher. Doch man hat ihn wegen staatsgefährdender Äußerungen, Aufwiegelung der Volksmassen

und Gotteslästerung öffentlich gehenkt. Wer an seiner Beerdigung teilnahm, solidarisierte sich mit einem Mann, der offiziell als Verbrecher galt. Wer sich an dessen Grab sehen ließ, machte sich damit selber verdächtig, gefährdete seine Karriere.
Man kann ein kleines Blumensträußchen verschämt unter der Jacke verstecken, aber nicht einen riesigen Kranz. Damals ging man nicht mit Kränzen zur Beerdigung, sondern mit duftenden Kräutern. Man kann eine Handvoll Kräuter verschämt unter der Jacke verstecken, aber nicht einen Sack voll. Hundert Pfund solcher Kräuter – das ist nicht zu verstecken nicht zu übersehen, nicht zu überriechen. Das muss ja den Spitzeln in die Nase fahren, die ganz unauffällig an den Ecken stehen und Maiglöckchen verkaufen.
Vor deren Augen hastete ein Mann durch die abendlichen Gassen Jerusalems in Richtung Friedhof. Er kann nicht warten, bis es Nacht ist, um im Schutz der Dunkelheit an das Grab Jesu zu schleichen. Denn wenn es dunkel wird, beginnt der Feiertag. Da darf niemand mehr mit einer Last auf der Straße sein. Und er schleppt eine Last: Auf denn Buckel huckt er so einen »Emmes« von Rucksack mit 100 Pfund Kräutern.
Dieser Mann, der hier im vollen Licht der Öffentlichkeit zum Grab von Jesus geht, sich voll zu Jesus bekennt, heißt Nikodemus. Ich weiß nicht, wie der so ein mutiger Christ geworden ist. Ich weiß nur, dass er früher Angst hatte, in der Nähe von Jesus erwischt zu werden. Er stand Jesus ganz fern, so wie viele von euch. Und er konnte sich, so wie viele von euch einfach nicht vorstellen, wie man Christ werden kann. Er hat sich mal über diese Frage mit Jesus unterhalten. Und das will ich euch jetzt erzählen.

Spitzenfunktionär und Professor

Nikodemus war, was seine äußeren Lebensumstände betrifft, ein beneidenswerter Mensch. Er war reich. Er war Spitzenfunktionär des jüdischen Staatsapparates und ein gelehrter Profes-

sor. Höher als er konnte man nicht steigen. Mehr als er konnte man im Leben nicht erreichen. Eine größere Karriere war nicht drin. Und trotzdem war dieser Mann unzufrieden.
Einer aus unserer jungen Gemeinde hat mal einen Abend gehalten über das Thema: Karriere. Es ging um die Frage: Was ist wichtiger – die Karriere oder Jesus. Er meinte: Jesus. Später hat er seine Meinung geändert. Er ließ Jesus mal beiseite und widmete sich nur noch seiner Karriere. Vor ein paar Tagen habe ich ihn getroffen. Er hat tatsächlich alles erreicht, was er wollte und was man als junger Mann in seinem Alter haben kann: Er hat einen Studienplatz, eine Frau, eine Wohnung. Aber: Er hat keinen Frieden. Unzufrieden ist er. Nur Genöle. Mit allem hatte er Schwein, bloß nicht mit dem Glück. Denn zum Glücklichsein gehört offenbar mehr als ein Studienplatz, Wohnung, Ehefrau. Man hat ja bloß meistens keine Zeit, über das alles nachzudenken. Am Tage muss man arbeiten, am Abend fernsehen.

Gedanken in der Nacht

Aber in der Nacht, wenn alle Apparate und Lichter abgeschaltet sind, da kommen einem so allerhand Gedanken. Und die Gedanken, die kann man ja nicht einfach abschalten wie die Nachttischlampe. Eines nachts sitzt Professor Nikodemus in seiner Gelehrtenstube. Er kaut an der Frage: »Was kommt bei meinem Leben eigentlich raus? Sicher – ich habe es zu etwas gebracht. Meine Karriere soll mir erst mal einer nachmachen. Aber: Was ist der Sinn vom Ganzen?«
Professor Nikodemus merkt, dass ihm etwas fehlt. Er kann nicht konkret sagen, was ihm fehlt, er merkt nur, dass ihm etwas fehlt. Da pustet er kurz entschlossen seine Lampe aus, zieht sich einen dunklen Mantel über und schleicht im Schatten der Häuser durch die nächtlichen Gassen von Jerusalem.

»Es war aber ein Mensch unter den Pharisäern mit Namen Nikodemus, ein Oberster unter den Juden. Der kam zu Jesus bei Nacht.« (Joh 3)
Nikodemus geht zu Jesus, weil er fühlt: Irgendwie hat der mit dem zu tun, was mir fehlt. Und er erwartet, dass er das von Jesus kriegt. Er kommt also zu Jesus mit einer bestimmten Erwartung. Genauso wie du mit einer bestimmten Erwartung in diesen Abendgottesdienst gekommen bist. Du erwartest vielleicht, dass du heute Abend frei wirst von deiner Angst. Loskommst von deiner Wut. Wegkommst über deine innere Leere. Hinwegkommst über deine Trauer. Du erwartest Sinngebung für dein Leben, und du hoffst, diesen Sinn bei Jesus zu finden. Das erwartest du, wenn du hierher kommst.
Du gibst das natürlich nicht zu. Im Gegenteil: Du protestierst jetzt und sagst: »Da muss ich Sie aber enttäuschen, Herr Pfarrer. Von Jesus erwarte ich nämlich überhaupt nichts. Ich bin hier nicht wegen Ihrem Jesus, sondern wegen Ihrer Witze, schlichtweg wegen Langeweile.«

Niko und Nikodemus

Na gut, mein lieber Niko – wenn ich Niko sage, meine ich dich, wenn ich Nikodemus sage, meine ich den Professor –, also gut, Niko, wollen wir uns nicht streiten, wollen wir lieber sehen, was unser Professor macht.
Na, der macht dasselbe wie du: Er gibt mit keiner Silbe zu, dass er Probleme hat. Kein Wort, dass er sich am Leerlauf seines Lebens wund scheuert, dass er sich danach sehnt, ein anderer Mensch zu sein. Nur ja nicht zugeben, dass er Hilfe braucht, einen Helfer, einen Heiland, einen Erlöser.
Überhaupt nicht! Professor Nikodemus ist gekommen, um ein wenig zu plaudern, zu diskutieren. Will sich mal mit diesem Jesus ein bisschen unterhalten. Interessiert ihn einfach,

der Mann. Eine kleine theologische Debatte unter Fachleuten – mehr nicht.
Statt also die Frage zu nennen, die ihn da nachts umtreibt, die Frage nach dem persönlichen Seelenheil, statt zu fragen, was er nicht weiß, redet er von dem, was er weiß.
Vers 2: »Meister, wir wissen, dass du bist ein Lehrer, von Gott gekommen, denn niemand kann die Zeichen tun, die du tust, außer wenn Gott mit ihm ist.«

Komplimente

Der Mann hat also eine ziemlich hohe Meinung von Jesus. Aber Jesus sucht nicht Leute, die von ihm eine hohe Meinung haben, sondern solche, die ihn lieb haben. Jesus will keine Bewunderer, er will Nachfolger.
Deshalb geht er auf diesen Schwall von höflichen Redensarten überhaupt nicht ein. Er sieht doch dem Professor an der Nasenspitze an, dass der mehr sucht als eine geistreiche Unterhaltung. Er geht deshalb mit seiner Antwort überhaupt nicht auf die schmeichelhaften Unverbindlichkeiten ein, sondern er beantwortet die Frage, die Nikodemus in Wirklichkeit interessiert. Also die Frage: Jesus, wie werde ich ein neuer Mensch, wie finde ich in meinem Leben einen Sinn?
Vers 3: »Jesus antwortet: Ich versichere dir: Nur wer von neuem geboren ist, wird Gottes Reich sehen.«
Mit anderen Worten: Jesus stellt dem Herrn Professor Nikodemus die Frage, vor der sich viele Christen, auch christliche Professoren, so fürchten, nämlich die Frage: Bist du wiedergeboren?

Wir wissen

Da gibt es unter den Christen, vor allem unter den Professoren, so viele, die fangen jeden Satz so an wie Nikodemus: Wir wissen. Die stochern in der Bibel rum und sagen uns: Wir wissen, dieser Vers ist echt. Wir wissen, dieser Vers ist unecht. Wir wissen, dass Jesus das und das gar nicht gesagt hat. Wir wissen.

Eine von denen, die auch alles ganz genau weiß, ist Frau Professor Dr. Eta Linnemann von der Universität Marburg. Sie ist eine Schülerin von Bultmann, eine entschiedene Vertreterin der sogenannten modernen Theologie. Das heißt, sie ist es nicht, sondern sie war es.

Denn am 13. Februar 1978 hat sie folgende Mitteilung an die Studenten der theologischen Fakultät Marburg gemacht; »Ich habe Jesus Christus als meinen lebendigen Herrn erfahren, der für meine Sünde am Kreuz gestorben ist und der auferweckt ist und dem alle Gewalt gegeben ist im Himmel und auf Erden. Und ich erfahre durch den Heiligen Geist und die Zeugnisse der Brüder und Schwestern die ganze Bibel als Gottes lebendiges Wort, das heute geschieht. Ich habe erkannt, dass ich in meinem Leben ein blinder Blindenleiter gewesen bin. Und ich erachte alles, was ich bisher gelehrt und geschrieben habe, als einen Dreck. Ich kann nicht länger versuchen, das Wort der Schrift mit meinem Denken zu kontrollieren, sondern nur noch darum bitten, dass Gottes Wort durch den Heiligen Geist mein Denken verwandelt.«

Diese Frau hat die Erfahrung gemacht: In Gottes Reich kommt man nicht durch Wissen, sondern durch Wiedergeburt.

Was heißt Wiedergeburt? Wiedergeburt heißt dasselbe wie Bekehrung. Der Ausdruck Wiedergeburt macht nur deutlich, dass es hier um etwas geht, das man nicht selber machen kann. Man kann sich nicht selber gebären. Man wird geboren. Das neue Leben ist ein Geschenk von Gott.

Verwandeltes Denken durch den Heiligen Geist – das ist Wiedergeburt.

Wiedergeburt ist also dasselbe wie Bekehrung. Bekehrt bist du, wenn du Jesus als den Herrn deines Lebens annimmst.

Wiedergeboren bist du, wenn du mit der Tatsache ernst machst, dass Gott dein Vater ist. Ein Kind Gottes bist du, wenn du weißt: Gott liebt mich, und wenn du diese Liebe an deinen Nächsten weitergibst. Es kommt also nicht darauf an, dass du hinter alle Geheimnisse der Bibel kommst und alle Dogmen der Kirche verstehst. Auf deine Wiedergeburt kommt es an, und eine Geburt, das ist ja kein Gedankending, sondern die Grundtatsache des Lebens. Gott will in dein Leben rein, verstehst du?
Du überwindest den toten Punkt deines Lebens nicht dadurch, dass du noch mehr arbeitest an deinem Charakter, an deiner Karriere. Wenn einer auf dem falschen Weg ist, nützt es ihm nichts, wenn er noch schneller läuft Nein, er muss ganz von vorn anfangen, neu anfangen, neu geboren werden, wie ein Kind. »Wenn ihr nicht werdet wie die Kinder«, sagt Jesus, »werdet ihr nicht in Gottes Reich kommen.«
Eigentlich müsste Nikodemus jetzt sagen: »Herr, du hast recht.«

So ein Mist!

Aber statt das einzige zu tun, was jetzt dran ist, statt Jesus sein Leben zu übergeben, fängt der an zu diskutieren. Als Jesus dem Nikodemus die Frage nach der Bekehrung stellt, da ist der Herr Professor bereits am Ende mit seinem Wissen, auch mit seinem Begreifen. Er begreift nur soviel, dass hier von unbegreiflichen Dingen die Rede ist. Und da verlegt er sich aufs Diskutieren. Und zwar auf eine so primitive Weise, dass man sich wundert, wie ein gebildeter Mensch solchen Schwachsinn produzieren kann. Aber das ist mir schon öfter aufgefallen: Wenn man auf Gott zu sprechen kommt, da reden selbst die gebildetsten Leute einen Mist zusammen, dass einem übel werden kann. Auf das Stichwort Wiedergeburt antwortet Professor Nikodemus:

Vers 4: »Wie kann ein Mensch geboren werden, wenn er alt ist? Er kann doch nicht in den Leib seiner Mutter zurückkehren und ein zweites Mal auf die Welt kommen.«
Diese Antwort offenbart in geradezu peinlicher Weise, wie absolut vergeblich es ist, die göttlichen Dinge mit der Vernunft erfassen zu wollen. Wie soll das vor sich gehen?, fragt der Professor. Soll ich alter Mann vielleicht wieder in den Leib meiner Mutter zurückkriechen?
Also, wenn ein kluger Mann eine Sache derartig grotesk missversteht und solchen Unsinn redet, dann beweist er damit, dass er die Sache in Wirklichkeit sehr genau verstanden hat.

Angriff abgebogen

Und Nikodemus hat Jesus sehr genau verstanden. Er versteht: Umkehren soll ich, nicht in den Mutterleib, sondern zu Gott. Er spürt: Jetzt hat Jesus mein Herz angegriffen. Aber er biegt den Angriff mit dem Verstand ab.
Er merkt: Jetzt müsste ich Jesus mein Leben geben. Aber vor diesem Schritt zuckt er zurück. Er will erst mal darüber reden. Deshalb fragt er: »Wie ist das möglich? Ich bin doch ein erwachsener Mann. Wie kann ich da noch mal von vorne anfangen? Wie kann ich meine Vergangenheit auslöschen? Wie kann ich über meinen Schatten springen?«
Statt Jesus sein Leben auszuliefern, flüchtet er sich in eine Diskussion über das Wie.
Nichts gegen Diskussion. Nichts gegen das Fragen. Im Gegenteil: Man müsste viel mehr fragen, mehr diskutieren. Aber über die Frage, ob du Jesus dein Leben geben willst, gibt es nichts zu diskutieren. Da gibt es nur ein Ja oder Nein. Die Diskussion ist die letzte Zuflucht der Leute, die sich nicht klar und eindeutig für Jesus entscheiden wollen.
Die Frage nach dem Wie – wie ist das möglich?, ist die typische Frage von denen, die gern Zuschauer bleiben und dem

Hochspannungsdraht Jesus nicht zu nahe kommen möchten. Ich beobachte das immer wieder bei Gesprächen nach Evangelisationsabenden. Da sind Menschen von der Botschaft gepackt Sie sind angesprochen. Sie haben den Kraftstrom Gottes gespürt. Sie merken: Wenn ich jetzt zugreife, wird mein Leben verwandelt.

Aber sie haben Angst, den Schritt zu Jesus zu tun. Und da versuchen sie, sich aus der Affäre zu ziehen, und zwar durch Diskussionen. Sie kommen hinterher zu mir und sagen: »Gefällt mir, was ihr hier so macht. Sehr interessant. Was du gesagt hast, war eigentlich o.k. Und den Jesus finde ich irgendwie gut. Aber (pass auf, jetzt kommt's), aber: Wie ist es möglich, dass Jesus Gottes Sohn ist? Wie kann ein Wunder geschehen? Wie kann ein Toter lebendig werden? Wie kann sich einer, der 20 Jahre lang als Atheist erzogen wurde, bekehren? Wie kann überhaupt einer, nachdem er eine einzige Predigt gehört hat, sich bekehren?«

Ich kann dir nur sagen: Wenn du hier in der Kirche sitzt, diesen Gottesdienst beklatscht, getauft bist, ein Kreuz am Hals hängen hast und dich einen Christen nennst, – ich kann dir nur sagen: Wenn du nicht bekehrt bist, kommst du nicht in Gottes Reich.

Jesus sagt am Schluss dieses Kapitels (Vers 36):

»Wer an den Sohn glaubt, der hat das Leben. Wer dem Sohn nicht glaubt, der wird das Leben nicht sehen, sondern der Zorn Gottes bleibt über ihm.«

Keine Spezialmacke

Entweder du bist wiedergeboren, oder du bist ewig verloren. Wer nicht geboren ist, lebt nicht. Geburt ist lebensnotwendig. Wer nicht wiedergeboren ist, hat das ewige Leben nicht. Wiedergeburt ist lebens-, heilsnotwendig.

Die Rede von der Wiedergeburt ist nicht eine Spezialmacke von ein paar besonders Frommen. Das Pochen auf die Bekehrung ist nicht die fixe Idee von ein paar fanatischen Evangelisten, sondern das hat Jesus selber gesagt: Nur wer von neuem geboren ist, wird in Gottes Reich kommen. Bist du wiedergeboren? Bist du bekehrt?

Bist du ein Kind Gottes? Kannst du darauf ein sofortiges, klares, frohes Ja sagen? Wenn nicht, kannst du nicht in Gottes Reich kommen. Aber dann kannst du ja jetzt zu Jesus sagen: »Herr, ich will dir gehören. Hier hast du mein Leben.« Und dann kannst du heute in Gottes Reich eintreten.

Nikodemus war sozusagen fast schon mit einem Bein in Gottes Reich, da kratzt er im letzten Moment die Kurve mit seiner Frage: Wie kann man wiedergeboren werden?

Jesus ist kein Professor

Der Professor will's eben ganz genau wissen. Jesus ist kein Professor. Der macht's nicht kompliziert. Bei dem ist alles ganz einfach. Er lässt sich nicht auf das flache Niveau sogenannter vernünftiger Argumente runterziehen. Jesus diskutiert nicht.

Gleich gar nicht über die Bekehrung. Gleich gar nicht über das Wie der Bekehrung. Er erklärt nicht umständlich, wie Bekehrung möglich ist, sondern er erklärt kategorisch, dass Christsein ohne Bekehrung nicht möglich ist.

Mit dieser kategorischen Erklärung will Jesus sagen: Ich kann und will dir nicht beschreiben, wie das mit der Wiedergeburt ist. Das kannst du nur erleben. Und wenn du's nicht erlebst, kannst du's nicht verstehen. Dann hältst du's für einen religiösen Tick oder so was. Wenn du es aber erlebst, das heißt: Wenn du Jesus dein ganzes Leben übergibst, dann fragst du nicht mehr nach dem Wie. Wenn du noch nie verliebt warst, kann dir keiner beschreiben, wie das ist.

Das macht man nicht, das ist man

Wenn du mich fragst: »Wie macht man das, sich verlieben?«, dann kann ich nur sagen: »Du Knallkopp, das macht man nicht, das ist man.«

Und so kann auch Jesus dem Nikodemus keine Antwort geben auf die Frage, wie man das macht, neugeboren werden. Er sagt ihm nur: Liefere mir dein Leben aus, dann merkst du's schon.

Verstehst du, Niko, es geht nicht um Argumente, gescheite Gedanken, kluge Fragen nach dem Wie. Es geht einfach um die Frage: Bist du bereit, nicht bloß über Jesus zu reden, sondern ihm nachzufolgen? Wenn es um den Glauben an Jesus geht, musst du nicht alle damit zusammenhängenden Fragen vorher durchdenken, klären, bereden. Das ist weder möglich noch nötig. Du kannst nicht sagen: »Erst muss ich Klarheit haben, wie das alles funktioniert, dann komme ich zu Jesus.«

Die Sache geht umgekehrt: Komm raus aus den Unklarheiten deines Lebens in das Licht Gottes, dann kriegst du Klarheit.

Luther hat gesagt: »Ein Christ ist ein Mensch, der aus einem dunklen Haus in die Sonne springt.«

Komm Niko, komm raus aus der Hütte, spring in die Sonne! Jesus erwartet dich!

Witz, Waschbrett und Wort Gottes

Überfüllte Jugendgottesdienste in Karl-Marx-Stadt

Alptraum des Pfarrers: im nächsten Gottesdienst sind noch mehr Kirchenbänke leer. Mein Alptraum: zum nächsten Jugendgottesdienst kommen noch mehr Leute.
Sieben Jahre lang waren wir in der ehrwürdigen gotischen Schlosskirche, seit zwei Jahren in der größeren Petrikirche mitten im Stadtzentrum. Und immer das gleiche Problem: Der Platz langt nicht. Eine Stunde vor Gottesdienstbeginn ist die Kirche überfüllt, von den 2.500 Teilnehmern müssen 1.000 stehen. Und sie stehen, sie hören, sie sind dabei, jeden zweiten Sonntag im Monat abends von 18 bis 19 Uhr.

Steifheit abgebaut

Eine Stunde vor Beginn quillt Musik aus den Lautsprechern. Wer die Kirche betritt, wird von einem ziemlichen Getöse empfangen und verliert schnell Fremdheitsgefühle und Hemmungen. Es herrscht ein großes Durcheinander, allgemeines Begrüßen, Schwätzen, Herumlaufen. Treffpunkt junger Christen. Diese Stunde der Kommunikation vor dem offiziellen Gottesdienstbeginn ist von enormer Wichtigkeit. Steifheit wird abgebaut. Die Gemeinde ist zusammen, bevor es überhaupt losgeht.
In der Sakristei feiert eine kleine Mitarbeitergruppe das Abendmahl, verbunden mit Gebetsgemeinschaft. Ich lasse mich von einem Bruder segnen, und dann geht's hinein ins volle Menschenleben.
Wie ein Storch versuche ich, durch die auf den Altarstufen sitzenden Massen zu staksen.

Punkt 18 Uhr wird der Scheinwerfer eingeschaltet, der den Altarplatz und die dort Agierenden anstrahlt. Wenn auch die Beleuchtung der Kirche mies ist, wie in Kirchen üblich, so müssen unbedingt die Sprecher und Musiker gut zu sehen sein. Wir haben ein kleines Podium, auf dem steht die Band, von dort aus predige ich auch. Kanzeln sind mir im allgemeinen zu hoch.

Waschbrett aus Omas Bodenkammer

Unsere Band ist ein Spaß für sich: Gitarre, Banjo, Bass und Waschbrett, dazu manchmal noch Mundharmonika, Tambourin, Klarinette und anderes. Das Gute an den Jungs (alles Amateure) ist, dass sie nicht den Ehrgeiz haben, vor den Leuten zu paradieren. Sie spielen nichts vor, sondern sie spielen zur Begleitung des Gemeindegesanges, denn auf den kommt es uns an.
Wir singen nämlich in der ersten halben Stunde mit wachsender Begeisterung, und dazu brauchen wir keine raffinierten Arrangements, sondern einfache, mitreißende musikalische Formen. Je größer eine Band ist, um so lauter, teurer und unbeweglicher ist sie im allgemeinen.
Zum Beispiel ist ein Schlagzeug sehr kostspielig, für Kirchen meistens viel zu laut, und außerdem gibt es nur wenig fähige Amateurschlagzeuger. Ein Waschbrett aus Omas Bodenkammer tut's auch. Es kostet nichts, ist leicht zu handhaben und zu transportieren und schafft, ohne alles zu übertönen, eine solide rhythmische Basis für den Massengesang.
Die Funktion der Band ist es, den Gesang anzufeuern und zu begleiten, nicht totzuschlagen. Dass bei uns mit solcher Begeisterung gesungen wird, liegt natürlich nicht nur an der musikalischen Begleitung, obwohl ich sagen muss, dass unsere Oldtime-Skiffle-Musik einer Musizierweise entspricht, die seit einem Jahrhundert in der Kirche der Afroamerikaner er-

probt und bewährt ist. Die hier vorliegenden Erfahrungen haben wir ausgenutzt, statt uns auf dünnblütige Schreibtischkompositionen einzulassen.

»Simpelsongs«

Den vereinigten Kampf, den Kantor, Kirchenvorsteher, Pfarrer und Landeskirche gegen unser Singen und diesen Gottesdienst geführt haben, will ich übergehen, weil die Zeit über diese Opposition längst hinweggegangen ist.
Geblieben ist von damals nur die Bezeichnung unserer Lieder als »Simpelsongs«, was als Schmähwort gedacht war, von uns aber als Lob gebucht wird. Mit Liedern, die man einüben, vorsingen muss, Zeile für Zeile, das Ganze bitte noch einmal, und etwas lauter usw. – mit so was können wir nichts anfangen. Solche öde Schulmeisterei verleidet einem ja gleich von vornherein den Spaß am Singen.
Wir brauchen Melodien, die von alleine abzischen, wo jeder gleich mitsingen kann, Lust kriegt, mitzusingen. Da ich zwar oft die Texte mache, aber keine Melodien komponieren kann, bleibt mir nichts anderes übrig, als bekannte, eingängige Melodien zu übernehmen. Jeder kriegt einen Liederzettel, einer aus der Band führt den Gesang an, und los geht's.

Am Anfang ein Witz

Es folgt die Begrüßung. Sie enthält unbedingt am Anfang einen Witz (kein Gottesdienst ohne Lachen), diverse Informationen, Kollektendank und Kollektenbitten. Wer die Gemeinde mit Geistlosigkeit von der Art »Wir freuen uns, dass Sie trotz des schönen/schlechten Wetters so zahlreich erschienen sind« langweilt, begrüßt nicht, sondern ödet an und demonstriert seine Faulheit.

Mich kostet die Vorbereitung der vierminütigen Begrüßung manchmal zwei volle Tage. Schon allein die Darstellung des Kollektenzwecks erfordert äußerste Sorgfalt. Alles wird konkret erläutert, der Geber hat ein Recht zu erfahren, was aus seinem Geld wird.
Die Durchschnittskollekte beträgt 3000 Mark, die bisher höchste Kollekte hatten wir im November 78: 10.722 Mark für die Christoffel-Blindenmission. Diese enormen Summen, von Jugendlichen gespendet, sind für uns immer wieder ein großes Wunder.

Song und Predigt

In jedem Gottesdienst haben wir als Gast einen Sänger-Gitarristen, der zehn Minuten lang seine (meist eigenen) Lieder vorträgt und dadurch jedem Gottesdienst eine eigene Note verleiht. Diese Art der Verkündigung durch einen einzelnen ist genauso wichtig wie die Predigt. Wenn von ihr nichts hängen bleibt – die Lieder gehen mit, bleiben hängen. Der Song ist das Mittel, heutzutage unter Jugendlichen eine Botschaft zu verbreiten. Der Beitrag unseres Gastsängers (selbstverständlich ohne Honorar) ist nicht Unterhaltung, sondern Verkündigung.
Die Wortverkündigung (Predigt) als Hauptteil des Gottesdienstes erfolgt in Form eines 30minütigen Monologes. Ich brauche für die Predigtarbeit mindestens drei bis vier Tage, spreche die Predigt mit einer Gruppe vorher durch, schreibe sie wörtlich auf und halte sie auch wörtlich so.
Meistens erzähle ich biblische Geschichten, besonders gern aus dem Alten Testament, in welche ich das Aktuelle einflechte.
Abgesehen von den Momenten, wo die Predigt von Beifallsklatschen oder Lachen unterbrochen wird, herrscht eine gesammelte Hörbereitschaft und erstaunliche Stille.

Betergruppe im Rücken

Die Ruhe, in der über die vielen Jahre dieser Gottesdienst stattfand, ist eins der großen Wunder, über das wir immer wieder staunen. Ich erwarte von der Predigt, dass sie durch den Heiligen Geist beglaubigt wird, dass sie Wirkungen hat, dass sich Menschen bekehren.

In diesem Wunsch werde ich unterstützt durch eine Gruppe, die während des Gottesdienstes in der Sakristei betet. Diese Gruppe hat sich ohne mein Wissen und Zutun gebildet. Ich merkte eines Tages, dass ich mit einer mir bis dahin unbekannten Ruhe (ich bin sonst mächtig aufgeregt) predigen konnte. Mit der Betergruppe im Rücken fällt es mir leichter, vor diese kritischen, kribbeligen Jugendlichen hinzutreten und ihnen die Botschaft von Jesus zu bringen.

Der Predigt folgt ein freies Gebet eines Jugendlichen, der Segen und ein Schlusslied – alles in allem dauert der Gottesdienst maximal 70 Minuten.

Locker und zupackend

Ich glaube, das Wesentliche an diesem Gottesdienst ist das Freie, Ungezwungene, Offene, Lockere, Menschliche, Natürliche. Keine Veranstaltung, die abgespult wird wie der übliche Frühgottesdienst, sondern einfach ein Zusammensein ungefähr in der Art, wie es junge Leute lieben: mit viel Lärm, viel Musik, Emotion, Gemeinschaftserlebnis und vor allein einer Botschaft, die Ansprüche stellt und zu einer Entscheidung herausfordert.

Mir ist durch diese Jugendgottesdienste klar geworden, dass wir viel zu akademisch, zu distanziert predigen. Ich beobachte an mir, dass ich immer direkter, einfacher, konkreter, zupackender, auch orthodoxer predige.

Als ich noch Gemeindepfarrer war, hat es mich jahrelang fertiggemacht, dass ich alle Liebe und Mühe in die Predigt investiere, ohne dass wesentlich mehr Leute zum Gottesdienst gekommen wären. Dann fing ich an, die gleiche Predigt, die ich abends vor den Jugendlichen hielt, früh im Gottesdienst zu halten, wortwörtlich dieselbe Predigt. Einziger Unterschied: Früh sagte ich »Sie«, abends »Du«. Alles andere blieb sich gleich.

Ergebnis: Früh kamen Menschen, abends 1.500 und mehr, übrigens auch ältere Gemeindeglieder darunter. Damit ist der Beweis erbracht, dass der übliche liturgische Rahmen des überlieferten Frühgottesdienstes keine Hilfe, sondern eher ein Hindernis für die Ausbreitung der Botschaft darstellt.

Die gleiche Botschaft, die gleiche Predigt, nur in anderer Verpackung, erreicht abends eine zehnfache Hörerschaft, erreicht vor allem Menschen, die einen traditionellen Gottesdienst nie besuchen. Die veränderte Form ist also effektiver.

Mut zur Einfachheit

Genau besehen ist unsere Gottesdienstform nichts Besonderes, sondern etwas recht Einfaches. In dieser Einfachheit liegt das Besondere der Gottesdienste. Raffinierte Gags austüfteln und kompliziert über die Köpfe hinwegreden kann jeder Dummkopf; aber sich klar, einfach und verständlich ausdrücken ist die große Kunst.

Zur Einfachheit gehört aber Mut. Denn das Einfache ist zugleich das Schwerste. Deshalb bedeutet Einfachheit nicht etwa Bequemlichkeit oder Niveaulosigkeit. Im Gegenteil, sie erfordert von allen Mitarbeitern größtmögliche Perfektion und Präzision, vom Prediger ein hohes Maß an Disziplin schon allein in sprachlicher Hinsicht, von den Liedtexten sprachliche Qualität und manches mehr.

Entscheidend ist, dass sich alle Mitarbeiter und Mitbeter völlig einig sind: »Gottes Ehre ist unser Ziel. Wir suchen sie, indem wir uns bemühen, die Heiligen zu erbauen, die Sünder zu retten« (Spurgeon).

Verkaufen Sie auch Waschmittel?

Verlagsgesellschaft des Erziehungsvereins mbH, Neukirchen-Vluyn
www.nvg-medien.de
Umschlaggestaltung: Hartmut Namislow
Satz und Druckvorlage: Hans Hegner
Gesamtherstellung: Fuck-Druck, Koblenz
Printed in Germany
ISBN 978-3-7615-5577-4
Bestell-Nr. 155 577

Theo Lehmann

Verkaufen Sie auch Waschmittel?

aussaat

Theo Lehmann

Verkaufen Sie auch Waschmittel?

Vorwort

Bei Jugendwochen steht am Ausgang immer der Fragekasten. Daneben liegen Stifte und Papier. Jeder kann jede Frage – anonym – in den Kasten werfen. Ich beantworte sie am nächsten Abend öffentlich.

Da ich dazu nur wenige Minuten habe, kostet mich die Formulierung der Antworten oft Stunden. Über manche Themen könnte man abendfüllend, über manche müsste man mit dem Frager persönlich reden.

Wären die Antworten erschöpfend, wären sie erschöpfend. Da aber hinterher noch eine lange Predigt kommt, kommt als Antwort nur ein kurzer Gesprächsbeitrag in Frage. Nicht immer weiß ich eine Antwort. Das sage ich dann. Ansonsten gebe ich mir Mühe, möglichst auf jede, auch auf die nicht ernst gemeinten Zuschriften einzugehen. Sie geben mir oft Gelegenheit, da noch einen drauf zu setzen und das schwierige Geschäft etwas aufzulockern. Weil sich viele Fragen wiederholen, wiederhole ich sie hier für viele – kurz, knapp und klar.

Dr. Theo Lehmann

Kurz gefragt und klar gesagt

Was ist, wenn man wenig (keine) Lust am Bibellesen hat. Wie kann man das interessanter gestalten?
Du frühstückst nicht nur, wenn du Lust hast. Du isst, weil du weißt, dass du ohne Essen nichts schaffst. Jesus sagt von sich: »Ich bin das Brot des Lebens.« Du brauchst also sein Wort täglich, ob du Lust hast oder nicht. Wenn du die Bibel liest, stelle dir drei Fragen:
Habe ich das,
will ich das,
tue ich das, was hier steht?
Das wird interessanter, als dir manchmal angenehm ist.

Trägst du lieber rote oder grüne Socken?
Am liebsten frisch gewaschene.

Bestimmt nicht Gott, ob man glaubt oder nicht? Entscheidet nicht er, wer an ihn glauben soll?
Die Bibel sagt: »Gott hat jedem Menschen den Glauben angeboten« (Apg 17,31). Glauben soll jeder. Glauben kann jeder. Aber glauben will nicht jeder. Ob du das Angebot Gottes annimmst, ist deine Entscheidung und deine Verantwortung.

Wie findest du, dass es Menschen gibt, die Gott total ablehnen?
Unendlich traurig. Aber ich gebe die Hoffnung nicht auf. Deshalb predige ich immer weiter.

Gibt es Außerirdische? Was sagt die Bibel dazu?
Meine Antwort hat zwei Teile. Erstens:

Das hab ich auch schon oft gelesen,
es gäbe außerird'sche Wesen.
Doch leider hat die Wissenschaft
bis heute es noch nicht geschafft,
ihr Dasein wirklich zu beweisen.
Egal, wie weit ins All wir reisen –
es wird nie Lebewesen geben,
die irgendwo im Weltall schweben.
Denkbar ist nur ein einzger Fall:
Dass irgendwo im fernen All
paar Sachsen außerirdisch leben –
denn Sachsen, die gibt's überall.

Zweitens: Die Bibel sagt, dass es folgende außerirdische Wesen gibt:

1. die Engel, die dienstbaren Geister Gottes,
2. die Dämonen, die dienstbaren Geister des Teufels,
3. den Teufel,
4. Gott selbst, der in einem Licht wohnt, wo niemand hin kann.

Von anderen Außerirdischen sagt die Bibel nichts. Die Hauptnachricht der Bibel heißt: Gott, der Außerirdische, ist ein Irdischer geworden, ein Mensch. Gott ist nicht außerirdisch geblieben, er hat sich nicht in einem nebelhaften Jenseits versteckt, sondern hat auf unserer Erde gelebt in der Person von Jesus. Gott wird persönlich.

Ist es sehr gefährlich, wenn man Christ ist, mit Menschen, die okkult belastet sind, näheren Kontakt zu haben?

Meide den Kontakt möglichst, sei vorsichtig, aber nicht ängstlich. Wenn du Christ bist, bist du schon seit deiner Taufe unter dem Schutz Gottes. Ich empfehle dir, Luthers Morgensegen zu beten. Da heißt es am Schluss: »Dein heiliger Engel sei mit mir, dass der böse Feind keine Macht an mir finde«.

In der Bibel steht, dass alle, die gerettet werden, schon vorherbestimmt sind, Römer 8,30. Lohnt es sich für uns, andere zum Glauben zu führen oder unser Leben zu retten (wenn wir nicht zu denen gehören, die vorherbestimmt sind)?
Kein Mensch ist zur Verdammnis vorherbestimmt. Jeder Mensch ist zur Rettung vorherbestimmt.
Von Gottes Seite aus ist alles klar. (1Tim 2,4:) »Gott will, dass alle Menschen gerettet werden.« Die Frage ist, ob sich alle retten lassen wollen. Willst du? Die Bibel sagt: »Schafft mit Furcht und Zittern, dass ihr gerettet werdet.« (Phil 2,12)

Was soll ich machen? Alle aus meinem Bekanntenkreis erzählen schlechte Witze. Ich kann nicht so gut zugeben, dass ich Christ bin.
Wenn du dich nicht als Christ bekennst, bist du schlechter als die, die schlechte Witze erzählen. Bitte Gott, dir Kraft zu geben zum Bekennen. Und noch was. Ich habe in meinem Leben Menschen kennen gelernt, in deren Gegenwart einfach niemand wagt, einen schweinischen Witz zu erzählen. Ich nenne solche Menschen eine »lautere Persönlichkeit«. Bitte Gott, dass du so eine Persönlichkeit wirst.

Was soll man tun, wenn man vor einer wichtigen Entscheidung steht und nicht genau weiß, was Gott will?
Dann rede mit Gott und sage:
»Ich weiß nicht, wie ich mich entscheiden soll. Auf alle Fälle will ich deinen Willen tun. Bewahre mich davor, etwas zu tun, was gegen deinen Willen ist. Amen.«
So, und dann geh los. Luther sagt: Dann sündige tapfer.

Ist Bekehrung etwas Einmaliges?
Ja. Bekehrung heißt Neugeburt. Eine Geburt kann man nicht wiederholen. Man kann aber, wenn man vom richtigen Weg abgekommen ist, umkehren und neu anfangen. Das nennen wir nicht Bekehrung, sondern Vergebung.

Dürfen Christen Lotto spielen?
Wer Lotto spielt, nach Reichtum schielt,
und dort liegt der Hase begraben.
Wir sollen nämlich, so sagt uns die Bibel,
mit dem zufrieden sein, was wir haben.
Ich bin auch ohne Lotto froh,
mein Gott versorgt mich sowieso.
Und drum ist mein Motto:
Ein Christ spielt kein Lotto.

Was tut man, wenn man eine Zeit erlebt, wo einem der Glaube schwer fällt?
Weiter glauben. Weiter in der Bibel lesen. Dort steht: »Werft euer Vertrauen nicht weg!« Die Zeiten, in denen Glauben schwer fällt, erlebt jeder. Es sind die Zeiten, wo er sich bewähren, also wachsen kann.

Wozu brauchen wir Gott eigentlich?
Damit wir das Leben packen und das ewige Leben bekommen.

Du sprachst von der Abtreibung. Was soll eine Frau machen, die vergewaltigt worden ist und danach schwanger wird? Ich könnte mir vorstellen, dass sie das Kind nicht haben möchte und vielleicht auch gar nicht liebhaben kann. Was könnte man in so einer Situation jemandem raten?
Jedenfalls keine Abtreibung. Es gibt kein Recht auf Abtreibung, auch nicht im Fall einer Vergewaltigung. Der einzige Fall, wo eine Abtreibung möglich ist, ist die medizinische Indikation, also wenn das Leben der Mutter oder des Kindes gefährdet ist. Wobei ich aber auch da Fälle kenne, wo die Mediziner sich geirrt haben, wo Frauen nicht abgetrieben haben und gegen die Voraussagen der Ärzte ein gesundes Kind zur Welt gebracht haben bzw. selber gesund wurden. Mit einer

Frau, die vergewaltigt wurde, habe ich noch nie zu tun gehabt, das ist ja auch eine Ausnahme, ein Grenzfall. Jedenfalls würde ich ihr nie zu einer Abtreibung raten, sondern ihr Mut machen, das Kind zur Welt zu bringen, auch wenn sie erst mal davor Angst hat. Genau dafür ist Jesus ja zuständig. Wenn sie an ihn glaubt, kann sie es schaffen. Jesus sagt: »In der Welt habt ihr Angst, aber habt Mut, ich habe die Welt überwunden.«

Wie begegne oder was sage ich einem Menschen, der zwar an Glaubensfragen interessiert ist, aber nach glaubwürdigen Beweisen oder Merkmalen der Gegenwärtigkeit und Existenz Gottes fragt?
Es gibt keine Beweise. Um rauszukriegen, ob das, was die Bibel sagt, stimmt, gibt es nur eine Möglichkeit, jedenfalls nennt uns Jesus nur eine (Joh 7,17): das tun, was die Bibel sagt.

Wann tritt Bon Jovi im Vorprogramm auf?
Wenn du im Hauptprogramm als Prediger auftrittst.

Politik und Kirche, verträgt sich das?
Die Aufgabe der Kirche ist nicht Politik, sondern Rettung der Seelen. Aber um der Seelen der Menschen willen ist es oft nötig, dass die Kirche zur Politik Stellung nimmt.

Wie soll ich meine Eltern achten, wenn sie totale Arschlöcher sind?
Das ist menschenunmöglich. Das ist nur möglich, wenn dir Gott dabei hilft. Vorschlag: Jesus sagt: Segnet, die euch fluchen. Das heißt: Wünscht denen im Namen Gottes Gutes, die euch auf die Ketten gehen. Dadurch, dass du deine Eltern segnest, ändern die sich nicht. Aber du änderst dich. Wenn du sie segnest, kannst du sie nicht mehr Arschlöcher nennen. Wenigstens nicht mehr *totale* Arschlöcher.

Du hast gesagt, dass die Menschen nur mit Gott glücklich sind. Warum sind dann Nichtchristen manchmal glücklicher?
Mit Glücklichsein meine ich nicht Schwein haben, schöne Gefühle haben, immer Grund zum Lachen haben. Sondern, wenn ich Pech, negative Gefühle und Erlebnisse und Grund zum Heulen habe und dann – mitten im Unglück – weiß: Gott will und tut mir nichts Böses, nichts kann mich von Gott trennen – das ist Glück!
Als ich zur Beerdigung meiner Mutter hinter ihrem Sarg zum Grab ging, habe ich geheult. Aber ich war selten in meinem Leben so glücklich wie in diesem Moment, weil ich wusste: Sie gehörte zu Gott, sie ist bei Gott. Deshalb konnten wir auf ihren Grabstein das Bibelwort schreiben: »Wir werden bei dem Herrn sein allezeit.« Von diesem Glück haben die Gottlosen keine Ahnung. Deshalb sagt die Bibel (Ps 1): »Glücklich ist, wer nicht lebt wie Menschen, die von Gott nichts wissen wollen. Glücklich ist, wer sich kein Beispiel an denen nimmt, die gegen Gottes Willen verstoßen. Glücklich ist, wer sich fernhält von denen, die über alles Heilige herziehen. Glücklich ist, wer Freude hat am Gesetz des Herrn ...«

Wie kann ich jemanden am besten von Jesus begeistern?
Wenn ich das wüsste, würde die Woche hier anders laufen. Aber ich muss dir sagen: Es gibt keine Methode, jemanden für Jesus zu begeistern. Jesus selber hatte auch keine, und er wollte das auch nicht. Er hat die Menschen aufgefordert, ihm nachzufolgen. Das war alles, und das war meistens schwer. Und die, die von ihm begeistert waren, hat er gewarnt und ernüchtert und gesagt: Wer sein Leben verliert, der wird's finden.

Wie war es möglich, dass Adam und Eva als vollkommen Geschaffene durch Handeln gegen Gott die Sünde und schlimme Folgen in die Welt brachten?

Auf diese Frage weiß ich keine Antwort. Die Frage, wie das Böse in die Welt gekommen ist, können wir nicht lösen. Vom Bösen können wir uns nur erlösen lassen. Jesus ist in die Welt gekommen, um unser Erlöser zu sein. Kümmere dich darum, dass das Böse und die Sünde, die du tust, dir von Jesus vergeben wird, damit du in den Himmel kommst. Dort bekommst du dann auch die Antwort auf deine Fragen.

Wie äußert sich richtiger Glaube privat?
Dazu müsste ich dich und dein Privatleben kennen. So allgemein, wie du fragst, kann ich nur allgemein antworten.
Erstens: Glaube hat es immer auch mit deinem privaten Alltagsleben zu tun. Einen Glauben, der am Montag nichts mit deinem Alltag zu tun hat, den kannst du auch am Sonntag vergessen.
Zweitens: Die Bibel ist voller Anweisungen, was der Gläubige zu tun hat. Lies das und tu das.

Wann stehst du morgens auf?
Meistens schon vor dem Frühstück.

Ist es »unchristlich«, wenn ich etwas gegen die finstere Miene habe, die manche in der Kirche zeigen?
Nein, aber das pausenlose Grinsen, was manche frommen Strahlemänner reinhängen, geht mir genauso auf den Geist. Ich finde, ob fröhlich oder finster (man wird ja wohl noch mal schlechte Laune haben dürfen) – Hauptsache: Echt.

Ist Gott gegen Sex vor der Ehe?
Ja. Sex ist eine der schönsten Ideen, die Gott gehabt hat und eins der schönsten Geschenke, das er seinen Geschöpfen gegeben hat. Wenn Gott so genial war, den Sex zu erfinden, dann kann seine Gebrauchsanweisung, den Sex an die Ehe zu binden, nicht ganz dumm sein. Vernünftige Menschen halten

sich auch sonst an Gebrauchsanweisungen, egal, ob sich's um Waschmaschinen oder Schlittschuhe handelt. Es ist sinnlos, dem Erfinder der Schlittschuhe vorzuwerfen: »Deine Gebrauchsanweisung, erst dann Schlittschuh zu laufen, wenn das Eis fest und tragfähig geworden ist, ist grausam! Da müsste man ja bis zum Winter enthaltsam leben.« Es ist klüger, bis zum Winter zu warten, weil du im Frühling nur einbrichst. Frühlingsgefühle sind noch keine Grundlage für Sex.
Wartet, bis eure Beziehung fest und tragfähig geworden ist. Wenn ihr denkt, das Problem dadurch zu lösen, dass ihr hier am Eingang eurer Schule an die Wand ein riesiges Kondom malt und »Safer Sex« daneben schreibt, seid ihr jedenfalls auf dem Holzweg.

Wie gehe ich mit einem Klassenkameraden um, der Christen als verblendet abstempelt, das Christentum für ein geschickt ausgedachtes Dogmensystem hält, Gott lästert, mit Begeisterung Friedrich Nietzsche liest und trotzdem konfirmiert ist? Wie kann ich mich davor schützen, dass er mir meinen Glauben ausredet bzw. mich unsicher macht?
Bitte Gott, dass er den andern bekehrt, dich dazu benützt und deine Seele beschützt.

Was hältst du vom Papst? Findest du seine Ansichten immer richtig?
Als evangelischer Pfarrer kann ich nur sagen: Ich halte den Papst für einen Irrlehrer. Aber: Viele seiner Ansichten, z.B. über Sex und Abtreibung, sind goldrichtig und gut biblisch, und ich wäre froh, wenn evangelische Pfarrer in diesen Fragen so klar lehren würden wie der Papst.

Wie wird man Missionar?
Dazu braucht man die vier B: Bekehrt, berufen, begabt, bewährt.

In der Bibel kommt oft das Blutopfer als Sühne vor. Blut wird aber auch in der okkulten Welt für besondere Zwecke verwendet, z. B. Goethes »Faust« und bei Teufelssekten, die Tiere und sogar Kinder töten und mit dem Blut hantieren.
Sünde ist kein harmloser Flop. Sünde ist ein schwerwiegendes Verbrechen. Auf Sünde steht Todesstrafe. Vergebung der Sünde ist nur möglich, wenn jemand das Opfer bringt, meine Todesstrafe stellvertretend für mich auf sich zu nehmen. Dieser Jemand ist Jesus. Er hat am Kreuz geblutet, obwohl er unschuldig war, damit wir, die Schuldigen, Vergebung haben können. Die Bibel sagt: »Ohne Blutvergießen geschieht keine Vergebung« (Hebr 9,22). Der Teufel will Gott nachmachen und alles, was Gott macht, kaputt machen und ins Gegenteil verdrehen. Deshalb wird bei Teufelsmessen mit Blut hantiert. Der Unterschied ist folgender: Der Teufel benutzt das Blut von Menschen (siehe Goethes Faust), um Menschen für ewig an sich zu ketten. Jesus gibt sein Blut, um Menschen für ewig von den Ketten der Sünde frei zu machen.

Wie ist das mit den tot geborenen Kindern? Sie konnten Jesus nicht kennen lernen! Haben sie gar keine Chance, das ewige Leben zu erhalten?
Ich bin fest überzeugt, dass sie eine Chance bekommen, wenn ich das auch jetzt nicht biblisch begründen kann. Aber das kannst du getrost Gott überlassen. Kümmere du dich darum, dass die lebend geborenen Kinder das ewige Leben erhalten.

Wie lerne ich praktisches Vertrauen in Jesus?
Indem du ihn beim Wort nimmst und ausprobierst.

Wenn ich jemandem DM 50,- geklaut habe, wie viel muss ich ihm zurückgeben?
DM 55,-. Du musst ja auch die Zinsen bezahlen.

Wie denkst du über Menschen, welche zur Bekehrung nach vorn kommen, sich aber offensichtlich im Herzen nicht bekehren wollen und sich über dich lustig machen?
Was im Herzen eines Menschen vor sich geht, ist für mich nicht offensichtlich. Da bin ich mit einer Beurteilung ganz vorsichtig. Das Herz kennt nur Gott. Wenn jemand hier nach vorn kommt und sich über mich lustig macht, macht mir das nichts aus. Schlecht ist das nur für seine Seele. Denn wir beten ja hier, also wir reden Gott an. Gott hat aber im 2. Gebot gesagt: »Du sollst den Namen des Herrn, deines Gottes, nicht missbrauchen, denn der Herr wird jeden, der das tut, bestrafen«. Die Bekehrung und das Gebet ist eine heilige Handlung. Wer sich daraus einen Jux macht, macht sich vor Gott schuldig. Du kannst dich absolut darauf verlassen, dass Gott sein Wort hält. Wer den Namen des Herrn anruft, wird gerettet. Wer den Namen des Herrn missbraucht, wird bestraft.

Was hältst du von Verhütungsmitteln?
Jedes verantwortungsbewusste Ehepaar muss Familienplanung, also Empfängnisverhütung betreiben. Dazu gehören auch Verhütungsmittel, aber nur die, die die Entstehung eines Kindes verhindern, aber nicht die, die ein entstandenes Kind töten (z.B. Spirale).
Da Geschlechtsverkehr vor der Ehe von Gott nicht gewollt ist, gehören Verhütungsmittel nur in die Ehe. Vor der Ehe ist das beste Verhütungsmittel das kleine Wörtchen »Nein«.

Wie gnädig ist Gott?
Gott ist so gnädig, dass er jedem gnädig ist, der seine Gnade annimmt.

Essen Außerirdische auch Bananen?
Ich hab ein schlaues Buch gelesen,
da stand, dass außerird'sche Wesen

sich meistens von der Luft ernähren.
Deshalb kann ich dir jetzt erklären:
Ein Wesen, das Bananen frisst,
bestimmt nicht außerirdisch ist.

Wie viel Leute bedürfen eigentlich nach ihrer »Predigt« einer psychiatrischen Behandlung?
Außer dir ist mir niemand bekannt. Aber wenn du dein Leben Jesus gibst, kannst du dir die Kosten für den Psychiater sparen.

»Ein Kamel kommt eher durch ein Nadelöhr als ein Reicher in den Himmel.« Ist das so gemeint, dass Geld den christlichen Charakter verdirbt oder dass ein Reicher keine Chance auf das Himmelreich hat?
Auch Reiche können ins Reich Gottes, aber sie haben es schwerer als andere, weil Reichtum das schwerste Hindernis ist. Reichtum ist gefährlich, weil er das Herz fesselt.

Aus welchen Gründen führt Gott Kriege durch?
Gott hat einen einzigen Krieg geführt, der ging gegen die Sünde, und das war die Sintflut. Aber er hat versprochen, so was nie wieder zu machen. Das hat er uns schwarz auf weiß in der Bibel und in allen Regenbogenfarben versprochen. Alle anderen Kriege sind von Menschen geführt worden. Dabei ist der Name Gottes oft missbraucht worden.

Was hat es mit den Leuten, die an der Tür klingeln und sich als Zeugen Jehovas ausgeben, auf sich?
Es sind Mitglieder einer Sekte, die die Welt schon mehrmals kräftig belogen hat, indem sie für verschiedene Zeitpunkte den Untergang der Welt angekündigt hat.
Schon die Bezeichnung »Zeugen Jehovas« oder »Ernste Bibelforscher« ist irreführend. Es geht dieser Sekte weder um Gott

noch um die Bibel noch um eine zentrale Botschaft der Bibel überhaupt. Jesus ist für sie nicht Gott, es rettet nicht der Glaube an Jesus, sondern die Zugehörigkeit zur Sekte.
Mein Rat: Vergessen, nicht ins Haus lassen, nicht in Diskussionen einlassen. Die Bibel sagt: »Überall begegnen wir Betrügern, die in der ganzen Welt ihre Irrlehren verbreiten. Sie wollen die Menschen auf einen falschen Weg locken und behaupten, dass Jesus Christus nicht als Mensch aus Fleisch und Blut zu uns gekommen ist. Diese Betrüger sind Werkzeuge des größten Verführers aller Zeiten und des schlimmsten Feindes Christi, des Antichristen ... Wer über das hinausgeht, was Christus uns gelehrt hat, der wendet sich von Gott ab. Nur wer sich an die Lehre von Christus hält, hat mit dem Sohn auch den Vater. Sollte also jemand zu euch kommen, der euch etwas anderes erzählen will, den schickt gleich wieder weg. Vermeidet jeden Kontakt mit ihm.« (2Joh 1,7-10)

Wie ist das dann mit den anderen guten Menschen?
Christen sind nicht Menschen, die vorgeben, gut zu sein, sondern sie sind Menschen, die zugeben, dass sie nicht gut sind und sich ihre Sünde vergeben lassen.
Gute Menschen kommen in den Himmel, wenn sie Christen sind, gute Menschen kommen in die Hölle, wenn sie keine Christen sind. Ob Himmel oder Hölle hängt nicht davon ab, ob du ein guter Mensch, sondern ob du ein Kind Gottes bist. Wenn du keins bist, kannst du es heute werden.

Was ist das 6. und 7. Buch Mose?
Zauberbücher. Wer damit umgeht, geht verloren.

Im 1. Buch Mose 4,17 steht: »Und Kain erkannte sein Weib, die ward schwanger und gebar den Henoch ...«
Dass Kain der Sohn von Adam und Eva ist, ist klar. Aber woher kommt das Weib, das er als seins erkennt? Es gab doch bis dahin

nur Adam, Eva, Abel und Kain. Manche Atheisten meinen, die ganze Schöpfungsgeschichte und was danach kam, basiere eh nur auf Inzucht. Das finde ich schrecklich.
Du schreibst: »Es gab doch bis dahin nur Adam, Eva, Abel und Kain.« Wo steht das? Dass nur Abel und Kain als Kinder erwähnt sind, heißt nicht, dass es nicht noch mehr Kinder gab. Jedenfalls, ob erwähnt oder nicht, es ist tatsächlich so: Kain hat seine Schwester geheiratet. So war das am Anfang der Menschheitsgeschichte, und so schreibt es auch Paulus in der Apostelgeschichte 17,26: »Gott hat gemacht, dass alle Völker, die auf der ganzen Erde wohnen, von einem abstammen.« Wir sind also alle von einem Blut!
Später, zur Mosezeit, hat Gott die Blutschande, also die Inzucht, unter Todesstrafe gestellt (3Mo 20, 17).

Was passiert, wenn man in die Hölle kommt?
Nichts. Das ist ja das Furchtbare an der Hölle – da läuft nichts mehr, da ist nichts mehr zu machen, da ist alles entschieden. Wer in die Hölle kommt, kommt nicht wieder raus. Der muss in Ewigkeit von Gott getrennt bleiben, immer mit dem Bewusstsein, dass er bei Gott hätte sein können. Dieser Abend heute findet statt, um dich vor der Hölle zu bewahren.

Ist Homosexualität Sünde?
Homosexualität ist nicht angeboren, sondern im Lauf der Entwicklung erworben. Sie ist kein physisches, sondern ein psychisches Phänomen im Sinn einer Gefühlsstörung, die bis in die Kindheit hineinreicht und eine normale Geschlechtsidentität als Mann oder Frau verhindert hat. Es ist also eine Prägung, für die sich der Betroffene nur selten entschieden hat. Aber Veranlagung entbindet nicht von der Verantwortung.
Die Bibel spricht nicht über homosexuelle Veranlagung, sondern über homosexuelle Handlungen. Überall, wo die Bibel von Homosexualität spricht, lehnt sie sie ab, z.B. 1Kor 6, wo

sie als Sünde beschrieben wird, die vom Reich Gottes ausschließt:

»Denkt daran: für Menschen, die Unrecht tun, hat Gott keinen Platz in seiner neuen Welt. Macht euch nichts vor! Menschen, die Unzucht treiben oder Götzen anbeten, die die Ehe brechen oder mit Partnern aus dem eigenen Geschlecht verkehren, Diebe, Wucherer, Trinker, Verleumder und Räuber werden nicht in Gottes neue Welt kommen. Solche gab es früher auch unter euch. Aber jetzt seid ihr reingewaschen, ihr seid Gottes heiliges Volk geworden und könnt vor seinem Urteil bestehen. Denn ihr seid mit Jesus Christus, dem Herrn, verbunden und habt den Geist unseres Gottes erhalten.«

Diese Bibelstelle ist die große Hoffnungsquelle für Homosexuelle. Denn sie beweist, dass Gott die Homosexuellen liebt, dass er den Homosexuellen vergibt, dass es Homosexuelle von Anfang an in der Kirche gegeben hat und dass Menschen, die als Homosexuelle lebten, nicht mehr als Homosexuelle lebten (die Homosexualität also nicht mehr praktizierten), seit sie mit Jesus lebten.

Haben Sie sich schon mit Ihrer Frau gestritten?

Wir streiten uns schon seit 33 Jahren. Das ist Liebe!

Warum machen die Sänger so laut?

Das ist eine Frage des Standpunktes bzw. Sitzplatzes. Ich vermute, die Frage hat jemand gestellt, der gestern hier vor den Boxen gesessen hat. Es gibt Leute, die sich mit absoluter Treffsicherheit auf den Platz genau vor einer Box setzen und es dann zu laut finden. Mein Rat: Nimm hinten Platz oder nimm Oropax.

Wie werde ich meine Hemmungen gegenüber Pfarrern und anderen kirchlichen Würdenträgern und ihren Angehörigen los, besonders, wenn sie mal nicht freundlich sind? Kann man sie einfach auf gemachte Fehler hinweisen?

Ich bitte darum!
Rezept: Stell dir deinen Pfarrer vor: In Filzlatschen, Morgenmantel, trägt die vollgekackte Windel seines Jüngsten ins Badezimmer. Na, hast du noch Hemmungen?
Bedenke:

Auch der höchste Würdenträger
muss, wie jeder, mal aufs Klo,
trägt gestreifte Hosenträger
und trinkt Milch aus der HO.

Schwer zu tragen ist die Würde.
Hab doch Mitleid mit dem Mann,
der vor lauter Würden-Bürde
nicht mehr freundlich lächeln kann.

Habe mit dem Mann Erbarmen,
der doch auch ein Mensch nur ist.
Zeige dem verklemmten Armen,
dass du ihm ein Bruder bist.

»... ihr aber habt aus meinem Haus eine Räuberhöhle gemacht« (Jesus)
Was sagst du dazu in bezug auf diesen Parfümeriestand zum letzten Gottesdienst. Ich persönlich finde es ziemlich unschön, auch wenn es vom Toten Meer ist.
Ich weiß nicht, wo wir sonst christliche Literatur unter das Volk bringen wollen, wenn nicht in unseren christlichen Versammlungen. Und ich sehe da auch keinen prinzipiellen Unterschied zwischen Literatur und Parfüm. Im Gegenteil, eine Bibelstelle, die das Lesen frommer Bücher befiehlt, kenne ich nicht. Aber ich kenne eine Bibelstelle, die das Benutzen von Parfüm befiehlt (Pred 9,8): »Trag immer frisch gewaschene Kleider und sprenge duftendes Öl in dein Haar.«

Was hältst du von Eugen Drewermann? Wo gab es in der Vergangenheit Angriffspunkte? Kann ich als Christ ihn lesen oder für Auslegungen mit zur Hilfe nehmen und verwenden?
Ich halte ihn für einen Irrlehrer, dem die römische Kirche die Lehrerlaubnis mit Recht entzogen hat, und ich werde mich hüten, ihn dir als Lektüre zu empfehlen. Er behauptet, dass Jesus nicht von einer Jungfrau geboren worden ist, nicht der Sohn Gottes ist, keine Wunder getan hat, nicht am Kreuz stellvertretend für uns gestorben ist, nicht auferstanden ist, nicht in den Himmel gefahren ist, also auch nicht wiederkommt. Wer so was lehrt, ist kein Ausleger, sondern Verfälscher der Bibel.
Drewermann schreibt: »Es kann sein, dass ein Mensch als Buddhist besser zu sich selbst findet, als wenn er sich dem Christentum zuwendet.«
Dazu sage ich: Es geht nicht darum, zu sich zu finden, sondern zu Gott zu finden.
Drewermann weiter: »Religionen sind so etwas wie Medikamente für spezielle Krankheiten, und nicht für jede Krankheit ist jedes Medikament geeignet.« Dazu sage ich: Es gibt eine Krankheit, an der leiden alle Menschen, das ist die Sünde, und gegen diese Krankheit gibt es nur ein einziges Heilmittel, das Blut von Jesus, das er am Kreuz für uns vergossen hat. Außer ihm gibt es kein Heil. Von diesem Heil und diesem Heiland will ich euch nachher wieder erzählen. Deshalb sage ich: Hör nicht auf Eugen Drewermann, hör lieber Theo Lehmann an!

Warum sind die Bänke so unbequem?
Das frage ich mich auch.

Glauben Sie, dass Männer oder Frauen eine andere Beziehung zu dem »Vater«-Gott haben?
Bisher habe ich es nicht gedacht. Ich glaube es erst seit gestern Abend, seit ich diesen Zettel bekommen habe. Denn auf die-

sem Zettel ist das Wort Vater in Gänsefüßchen geschrieben. Kein normaler Mann würde auf die Idee kommen, das Wort Vater in Gänsefüßchen zu setzen. Auf so eine Idee kann nur ein Gänschen kommen.

Darf man, wenn man an Jesus glaubt, keine Rockmusik mehr hören?
Die Bibel sagt: »Es ist alles erlaubt«. (1Kor 10,23) Es ist also erlaubt, Rockmusik zu hören. Der Satz in der Bibel geht aber weiter: »Aber nicht alles dient zum Guten«. Rockmusik kann z.B. schädlich sein für's Gehör oder für die Seele, wenn diese Musik zum Ehebruch, Drogengebrauch, Satanismus oder Gewalt verführt. Das macht aber andere Musik auch, z.B. Marschmusik. Die hat Millionen zu Gewalttätigkeit und Gottlosigkeit verführt und in den Tod geführt. Komischerweise haben manche christlichen Mitbürger nichts dagegen, sich Sonntag mittags zur Verdauung nach dem Klößeessen Marschmusik anzuhören oder beim Betriebsfest nach dem zweiten Glas Bier zu schunkeln und den Schlager mitzusingen: »Wir kommen alle in den Himmel, weil wir so brav sind«. Diese Aussage ist ein tödlicher Irrtum, und dieser blöde Schlager ist gefährlicher als jedes Rockkonzert. Die Frage ist also nicht, ob du als Christ Rockmusik hörst, und welche Botschaft diese Musik hat. Eine aggressiv-destruktive, also zerstörerische Musik dient kaum zum Guten. Wenn jemand einer Musik so verfällt, dass er nichts anderes mehr gelten lässt, wird sie für ihn zum Götzen, und dann kommt sie für einen guten Christen tatsächlich nicht in Frage. Wenn du dir bei irgendeiner Musik unsicher bist, dann lass es sein. Die Bibel sagt: »Was nicht aus dem Glauben geht, das ist Sünde« (Röm 14,23). Es ist aber auch eine Sünde, alle Rockmusik in Bausch und Bogen zu verteufeln.

Wo ist die Grenze zwischen Gott, Jesus und dem Heiligen Geist?
Nirgends. Jesus sagt: »Wer mich sieht, sieht den Vater.« Und:

»Ich und der Vater sind eins.«

Wo fängt Sex vor der Ehe an? Schon beim Sex oder beim Händchenhalten?
Grundregel: Geh nie so weit, dass du es mal, falls ihr euch trennt, vor deinem wirklichen Ehepartner bereuen musst. Also, wie weit darf man vor der Ehe gehen? Bis vor die Haustür. Händchenhalten ist kein Sex. Wovon ich gesprochen habe, ist der sexuelle Kontakt, also der Geschlechtsverkehr. Trobisch sagt: Die Grenze ist jedes gemeinsame Sich-ausziehen und hinlegen. Ab da geht die Post ab. Also: Vorher aussteigen.

Wieso kommt in der Bibel nichts vom Urknall und von Dinosauriern vor?
Weil die Bibel kein Lehrbuch der Naturwissenschaft ist. Es gibt viele Dinge, über die die Bibel nichts berichtet, obwohl es sie gibt oder gegeben hat. Ob es einen Urknall gegeben hat, weiß niemand genau, einige Leute vermuten das. Ich vermute, dass vom Urknall deshalb nichts in der Bibel steht, weil es ihn nie gegeben hat. Denn die Bibel lehrt, dass Gott die Welt durch sein Wort geschaffen hat, indem er sprach: »Es werde.« Gottes Wort ist Kraft und Energie. Vielleicht hat es, als Gott zum ersten Mal sein energiegeladenes »Es werde« sprach, im Universum gewaltig gerumst, das wäre dann so eine Art Urknall. Aber das sind Spekulationen. Ich halte das mit dem Urknall für nicht so entscheidend. Entscheidend ist, dass es bei dir funkt und du begreifst, dass der Schöpfer des Universums auch dich geschaffen hat und dich liebt.

War Jesus schwul, weil er nicht geheiratet hat?
Nein. Jesus gehörte zu denen, die um des Reiches Gottes willen nicht heiraten. Genauso wie z.B. unsere evangelischen Schwestern freiwillig auf die Ehe verzichten, um Gott zu dienen.

Wie kommt es zu dem Namen »Gott« und »Teufel«?
Das weiß niemand genau. Vielleicht kommt Gott von gut. Gott ist der, der dir gut ist. Teufel kommt aus dem griechischen, das heißt dort diabolos, das bedeutet: Durcheinanderwerfer. Der Teufel ist der, der dein Leben zerstören will.

Was hältst du von Neonazis?
Die meisten von denen, jedenfalls die Jugendlichen, sind Verführte, die gar nicht wissen, was Nationalsozialismus ist. Ich bin noch in der Nazizeit aufgewachsen, ich habe die Schrecken des Faschismus, den Krieg und sein Ende miterlebt und möchte das nie wieder erleben.
Neonazismus und christlicher Glaube sind unvereinbare Gegensätze. Ein Christ kann kein Nazi sein.

Was ist gemeint mit: Es wird ein Reis aufgehen ...? (Jes 11, 10)
Damit ist Jesus gemeint. Jahrhunderte vor seiner Geburt hat Gott diese Geburt schon angekündigt durch die Propheten. Gott hat vorher sogar viele Einzelheiten vorausgesagt, z. B; in welcher Stadt Jesus geboren wird und wie er sterben wird. Was Gott verspricht, tritt ein. Das ist bis heute so.

Was kann man versuchen zu tun, wenn man einen Menschen kennt, der Gott nah war und sich wieder von ihm entfernt?
Du kannst mit ihm reden und für ihn beten.

Gott hat schon einen Plan für mein Leben, wenn ich noch. gar nicht auf der Welt bin. Also bestimmt er auch, ob ich mich bekehre oder nicht. Demzufolge hat Gott von Anfang an »Lieblingsmenschen«, von denen er weiß, dass sie sich bekehren. Die anderen sind sozusagen umsonst auf der Welt. Oder sehe ich das falsch?
Falsch ist überhaupt kein Ausdruck. Falscher geht's gar nicht. Du hast folgendes übersehen: Gott ist kein Diktator, sondern dein Vater. Und du bist keine Marionette, sondern ein

Mensch, der sich bekehren kann, weil Gottes Plan darin besteht, dass du dich bekehrst. Von Gottes Seite aus ist die Sache klar (2Petr 3,9): »Gott will nicht, dass jemand verloren geht, sondern sich jeder bekehrt.« Hier ist nicht von Lieblingskindern die Rede, gleich gar nicht von welchen, die sich nicht bekehren sollen, sondern ganz klar: Alle sollen sich bekehren. Das ist Gottes Wille. Wenn du das nicht willst, hast du dich dafür zu verantworten. Du kannst dich nicht mit dem Trick vor deiner Bekehrung drücken, dass du Gott die Verantwortung in die Schuhe schiebst. Die Verantwortung liegt bei dir.

Ich habe ein Mädchen vergevaldigt.
Wenn's stimmt, hast du dich vor Gott schuldig gemacht, dann geh zu einem Seelsorger. Ich habe aber den Eindruck, du hast nicht mit Mädchen, sondern in der Schule geschlafen und musst erst lernen, richtig deutsch zu schreiben. Das einzige, was du bisher vergewaltigt hast, das ist die deutsche Rechtschreibung.

Wann lassen Sie sich endlich eine Strähne färben?
Ich hab im Bart und meiner Mähne
schon mehr als eine graue Strähne.
Wenn ihr das braucht, dann färbt euch nur!
Doch meine Strähnen sind Natur.

Was hältst du vom Zehnten? In der Bibel steht er doch als Forderung Gottes! Mache ich mich schuldig, wenn ich ihn nicht gebe?
Mit dem Zehnten bezeichnet man den 10. Teil des Einkommens, der für Gott zur Verfügung gestellt wird. Im Alten Testament war er gefordert, im Neuen Testament nicht, wird dort aber auch nicht abgelehnt. Da Jesus nichts dazu sagt, verstehe ich den Zehnten nicht als Forderung, sondern als freiwillige Möglichkeit. Du machst dich also nicht schuldig, wenn du ihn

nicht gibst, aber du machst einen Fehler, weil du Gott nicht die Gelegenheit gibst, dich zu segnen.
Mal 3,10; »Bringt aber den Zehnten in voller Höhe in mein Vorratshaus, auf dass in meinem Hause Speise sei, und prüft mich hiermit, spricht der Herr Zebaoth, ob ich euch dann nicht des Himmels Fenster auftun werde und Segen herabschütten die Fülle.«
Für mich persönlich ist es eine Selbstverständlichkeit, den Zehnten zu geben. Den 10. Teil meines Nettoeinkommens gebe ich für Gottes Sache. Wenn das alle Christen machen würden, würden unsere Kollekten anders aussehen, hätte die Kirche keine finanziellen Probleme und sähe vieles in der Welt besser aus.

Die St. Nikolaikirche ist 100 Jahre alt geworden.
Danke für die Mitteilung! Ich wünsche dir, dass du auch mal so alt wirst, aber ich sage dir: Ohne Jesus hat es keinen Sinn, so alt zu werden.

Was hältst du von den Herren Michail Gorbatschow und Ronald Reagan mit ihrer Politik?
Gorbatschow und Reagan,
die solln sich überlegen,
dass es für den Frieden gefährlich ist,
wenn einer überlegen ist.

Der Reagan hört auf Gorbatschow
und hört mit den Cruise Missiles off,
der Micha geht auf Ronni ein
und stampft die SS 20 ein.

Der Michael und der Ronald,
die treffen sich bei McDonald.
Und dort essen Ronald und Michel
ihr Würstchen mit Hammer und Sichel.

Gott hat uns unser Gesicht gegeben. Ist es dann richtig, wenn wir uns es künstlich verschönern, z.B. mit Make-up?
Gott hat dir nicht nur dein Gesicht gegeben, sondern auch alles andere darunter. Da hast du ja Gott auch schon nachgebessert und dir was angezogen, was sehr vernünftig ist. Mit dem gleichen Recht kannst du auch dein nacktes Gesicht mit Make-up verschönern. Also kurz und knapp: Nichts gegen Make-up.

Woraus besteht die Seele?
Der Mensch hat keine Seele, er ist Seele. Seele bezeichnet in der Bibel den ganzen Menschen. Als Gott den Menschen aus Materie geschaffen und ihm seinen Lebensatem eingeblasen hat, da heißt es: Und so wurde der Mensch ein lebendiges Wesen.

Wie bemerkt man Gott? Ist es gut, wenn man ihn um ein Zeichen seines Daseins fragt?
Ich rate dir nicht, Gott um ein Zeichen für sein Dasein zu bitten. Bitte ihn um ein gläubiges Herz und einen klaren Verstand, dann mach deine Augen auf und du siehst um dich die Wunder von Gottes Schöpfung. Die Bibel sagt (Röm 1,19f): »Gottes unsichtbares Wesen, das ist seine ewige Kraft und Gottheit, wird ersehen seit der Schöpfung der Welt und wahrgenommen an seinen Werken, so dass sie keine Entschuldigung haben. Sie wussten, dass ein Gott ist ...« Die Schöpfung ist der Beweis für das Dasein Gottes – außer für die, die auf den Gebrauch ihrer Vernunft verzichten.

Wie lange vergibt Gott?
Solange du lebst.

Glauben Moslems an den gleichen Gott wie wir?
Nein.

Meine Frau und ich sind der Meinung, dass nichts Verwerfliches

dabei ist, wenn wir mal zum normalen Jugendtanz gehen. Das sehen meine Schwiegereltern, ebenfalls Christen, etwas anders. Sie meinen, das hätte schlimme Folgen. Ich denke aber, man kann auch in einer solchen »Lasterhöhle« Gespräche über Gott führen.

Erstens: Wie und wo du mit deiner Frau die Freizeit verbringst, geht deine Schwiegereltern einen Dreck an.

Zweitens: Ich kann nichts Verwerfliches darin sehen, wenn ein Ehepaar tanzen geht.

Drittens: Ob das trotzdem schlimme Folgen haben kann, kann ich erst beurteilen, wenn ich z.B. weiß, ob und wie ihr mit anderen tanzt, nach denen guckt und grabscht usw.

Viertens: Wovon ich nichts halte, ist deine Bemerkung, es könnten sich Gespräche über Gott ergeben. Das stimmt zwar, aber ich finde: Wenn du mit deiner Frau tanzen gehst, dann tanze mit deiner Frau, das genügt. Du brauchst die Mission weder als Rechtfertigung noch als Nebenbeschäftigung. In dieser Sache denke ich wie die heilige Theresa von Avila. Deren Grundsatz lautete: »Wenn Fasten, dann Fasten. Wenn Brathuhn, dann Brathuhn.«

Ist es für einen, der im Himmel ist, nicht traurig, wenn er unten in der Hölle seine Eltern oder Freunde sieht, wie sie leiden?

Ja, das ist traurig. Das ist ja auch der Grund, warum es Gott einfach nicht mehr ausgehalten hat in seinem Himmel. Das Leiden Gottes über die Verlorenen ist unvorstellbar. Gott ist traurig, wenn er seine geliebten Geschöpfe in der Hölle landen sieht. Um das zu verhindern, hat Gott das Äußerste getan, was ihm möglich war. Er hat seinen Sohn Jesus geopfert, uns vor der Hölle zu retten. Tu du dein Äußerstes, um deine Eltern und Freunde zu retten.

Woher weißt du angesichts der Weltreligionen und anderen Glaubensrichtungen, dass das Christentum die einzige Rettung ist?

Das weiß ich aus der Bibel. Dort steht:
»In keinem andern ist das Heil, ist auch kein anderer Name unter dem Himmel den Menschen gegeben, durch den wir sollen gerettet werden.« (Apg 4,12) Und:
»Jesus sagt: Ich bin der Weg, die Wahrheit und das Leben; niemand kommt zum Vater außer durch mich.« (Joh 14,6)

Sieg Heil Doitschland Den Doitschen
Der diesen Zettel geschrieben hat, ist nicht mal in der Lage, das Hakenkreuz richtig zu malen und das Wort Deutschland richtig zu schreiben. Bevor ich mich mit diesen Parolen auseinandersetze, gebe ich dir einen Rat: Junge, setz dich auf die Schulbank, lerne erst mal deutsche Rechtschreibung und Geschichte. Und dann habe ich noch einen Wunsch für dich, dass du heute Abend Jesus kennen lernst und ihn als deinen Heiland annimmst. Jesus war Jude, und in der Bibel steht »das Heil kommt von den Juden«. Das Heil für Deutschland und für dich heißt: Jesus. Die Parole »Sieg Heil« ist Deutschlands Verderben. Das Wort »Jesus ist Sieger« ist Deutschlands Rettung.

In der Bibel steht (1Joh 5,18), dass ein Kind Gottes nicht sündigt. Widerspricht das nicht unserer Erfahrung als entschiedene Christen?
Ja, deshalb hat Luther im Kleinen Katechismus geschrieben, »dass wir täglich viel sündigen«, also Vergebung nötig haben. In 1Joh 5 geht es aber nicht um die täglichen Einzelsünden, sondern um die Ursünde, den Hass gegen Gott und die Ablehnung seiner Liebe. Diese Sünde des Unglaubens ist bei den zum Glauben gekommenen Christen nicht mehr drin.

Kann man als Christ zum Fußball gehen?
Na klar! Ob Fußball, Handball, Volleyball,
die Regel gilt für jeden Fall:

Das kannst du spielen, auch als Christ,
solange du kein Playboy bist.

Wir wollen mal wissen, ob nur Christen in den Himmel kommen?
Ja.

Warum hat Gott die Welt geschaffen?
Aus Liebe. Wollte nicht alleine sein. Wollte dir was Gutes gönnen.

Wenn ich eine Fliege töte, ist das eine Sünde?
Nein. Aber mit solchen läppischen Fragen unsere kostbare Zeit stehlen, das ist eine.

In welcher Partei oder politischen Organisation können sich erweckte Christen engagieren? Ein Bekannter von mir hat vor kurzem Jesus sein Leben übergeben. Er hatte sich früher einmal überreden lassen, in die Partei der Republikaner einzutreten. Muss er nun diese Partei verlassen?
Na klar!
Das ist eine rein persönliche Meinung von mir. Man wird ja wohl noch mal zu parteipolitischen Fragen eine private Meinung haben können.
Grundsätzlich:
Wenn ein Mensch Christ wird, also sich bekehrt, muss er sich von manchen Dingen, Verhaltensweisen, Menschen usw. abkehren. Dazu gehört auf jeden Fall die Zugehörigkeit zu Parteien, die gottlose und extremistische Anschauungen haben. Christen haben z.B. bei Kommunisten und Faschisten nichts zu suchen.
Das heißt übrigens nicht, dass jede Partei, die in ihrem Namen ein großes C stehen hat, für Christen zu empfehlen ist. Ich habe z. B. schon vor der Wende gesagt: »Weil ich Christ

bin, bin ich nicht in der CDU.« Das sage ich auch heute noch, ohne den Christen, die in der CDU sind, ihr Christsein abzusprechen. Die Frage, ob und in welcher Partei ein Christ mitmacht, ist eine Ermessensfrage und ich werde mich hüten, jetzt einen Katalog aufzustellen. Im übrigen kann man sich als Christ z.B. kommunalpolitisch engagieren, ohne einer Partei anzugehören. Dafür ist Jörg Swoboda ein lebendes Beispiel. Der ist Christ, parteilos, Pastor und Präsident des Stadtparlaments von Buckow.

Ist die Mark, die wir spenden, nicht ein Tropfen auf den heißen Stein?
Eine gespendete Mark ist immer noch besser als eine gesparte Mark.

Wie kann man die ernste Sache »Gott« mit soviel Spaß und Heiterkeit besprechen, bzw. die Fragen beantworten?
Einen Glauben, der keinen Spaß macht, kann ich nicht ernst nehmen. Indem ich Gottes Erlösungstat und seine Verheißungen ernst nehme, bekomme ich die Heiterkeit, manches, vor allem mich selber, leicht zu nehmen.

Was ist Sünde gegen den Heiligen Geist?
Wenn jemand sich gegen den Geist Gottes wehrt und sich weigert, an Gott zu glauben, begeht er die Sünde gegen den Heiligen Geist. Sünde gegen den Heiligen Geist ist also der Unglaube. Nur der Ungläubige, der Gottes Vergebung bewusst ablehnt, kann die Vergebung nicht erhalten. Wer die Vergebung ablehnt, kommt nicht in Gottes Reich.
Ein Mensch, der sich Sorgen macht, dass er diese Sünde begangen haben könnte, der kann sie gerade nicht begangen haben, denn nur ein Glaubender macht sich Sorgen wegen seiner Sünden und seinem Seelenheil. Ein Christ kann also, solange er Christ bleibt, diese Sünde nicht begangen haben.

Noch mal: Die Sünde gegen den Heiligen Geist ist der Unglaube, sie kann also nur von Ungläubigen begangen werden. Nur die Ungläubigen sind verloren. Wer an Jesus glaubt, ist gerettet.

Bin ich ein schlechter Christ, weil ich einfach das Rauchen nicht lassen kann?
Nein, da bist du kein schlechter Christ, nur ein schwacher Charakter.

Wie lange ruft Gott?
Solange du lebst. Er ruft dich auch heute. Also beantworte seinen Ruf auch heute. Du weißt ja nicht, wie lange du noch lebst. Es ist schade um jeden Tag, den du ohne Gott verbringst.

Warum ist das Rote Meer rot?
Das ist nicht rot, sondern wird nur so genannt. In der Bibel heißt es »Schilfmeer«. Schilf heißt auf Englisch »reed«. Irgend so ein dussliger Ami, der nicht richtig Englisch konnte, hat ein »e« vergessen und statt »reed« »red« geschrieben. – Merke:
Das Meer ist niemals rot gewesen.
Das hat nur einer falsch gelesen.
Lies selbst die Bibel, denn dort steht,
dass Mose durch das Schilfmeer geht.

Neulich waren in unserer Jugendstunde ein paar von der Sekte »Die Christen Österreichs« oder »Die wahren Christen«. Wie verhält man sich am besten zu solchen Leuten?
Ohne Diskussion rausschmeißen. Als die hier im Gottesdienst frech wurden und mit Gewalt die Mikrofone besetzt haben, haben sie unsere Mitarbeiter vom Podium runtergeschmissen.

Hast du manchmal Zweifel bezüglich des Glaubens?
Nein. Die Bibel definiert »Glauben ist ein Nichtzweifeln an

dem, was man nicht sieht.« (Hebr 11,1). Ich glaube, und ich zweifle nicht. Wo mein Glaube versagt, glaube ich an die Vergebung.
Glaubensschwäche und Glaubenszweifel sind nur zu überwinden durch ständige Neuorientierung an der Bibel. Die Bibel ist dazu geschrieben, damit wir nicht zweifeln, sondern Heilsgewissheit haben: »Das habe ich euch geschrieben, damit ihr wisst, dass ihr das ewige Leben habt, die ihr glaubt an den Namen des Sohn Gottes.« (1Joh 5,13)

Was macht man, wenn man unglücklich verliebt ist?
Ich bin der festen Überzeugung, dass uns unser Lebenspartner von Gott gegeben wird. Das einzige, was du machen kannst, ist: Bitte Gott, dass er dir den Menschen zeigt, den er für dich bestimmt hat. Wenn der, in den du jetzt verliebt bist, der ist, den Gott sich für dich ausgedacht hat, dann wird die Sache gut ausgehen. Wenn es nicht der ist, den Gott sich für dich ausgedacht hat, dann ist es besser, es geht mit Schmerzen auseinander, als dass du mit einem Falschen gehst.

Was hältst du von Ortmannsdorf und den Bewohnern?
Nach den Unmassen von Fettbroten, die hier jeden Abend verspachtelt werden, machen sie einen etwas verfressenen Eindruck.

Was ist mit den Leuten, die eine Feuerbestattung einer Erdbestattung vorziehen. Verlässt die Seele beim irdischen Tod den Körper und sind diese Leute nicht verloren?
Nein, die sind nicht verloren, ebensò wenig wie die, die z. B. im Krieg verbrannt oder ertrunken oder durch eine Atombombe völlig vernichtet wurden. Auferstehen werden alle, egal wie sie gestorben sind. Verloren ist, wer nicht an Jesus glaubt. Gerettet ist jeder, der an ihn glaubt.

Sind Träume Einbildung oder eine Eingebung von Gott? Ist es ein Aberglaube, wenn man seine Träume verschweigt in der Hoffnung, dass sie in Erfüllung gehen?
Träume sind keine Einbildung, sondern verschlüsselte Botschaften deines Unterbewusstseins. Sie sind ein Teil von dir. Gott kann durch Träume sprechen, dafür gibt es in der Bibel viele Beispiele. Trotzdem sind das Ausnahmen.
Normalerweise spricht Gott durch sein Wort, also die Bibel – darauf kannst du dich verlassen!
Träume verschweigen in der Hoffnung, dass sie dann in Erfüllung gehen, ist tatsächlich reiner Aberglaube.

Wird Gott auch Menschen verurteilen, die in einem anderen Glauben aufgewachsen sind und sich sicher sind, das Richtige zu glauben?
Ja, deshalb hat Jesus der Kirche ja befohlen, zu allen Menschen hinzugehen und ihnen zu sagen, dass er der einzige Retter ist. Gott wird Menschen, die gar keine Gelegenheit hatten, die Botschaft zu hören, nicht ungerecht behandeln. Aber er wird von uns, die wir seinen Auftrag hatten, Rechenschaft fordern, was wir für die Erfüllung getan bzw. nicht getan haben. Die Frage ist nicht: Was macht Gott mit den Ungläubigen, sondern was machst du mit ihnen?

Was sagt die Bibel zum Selbstmord?
Die Bibel verbietet den Mord an anderen, also auch den Mord an sich selbst.

Was hältst du von FKK?
Erstens: Theologisch:
Die Bibel sagt: Seit dem Sündenfall hat der Mensch Schamgefühl. Leute, die FKK machen, spielen das verlorene Paradies.

Zweitens: Psychologisch:
Sigmund Freud sagt: »Abwesenheit von Scham ist das sicherste Kennzeichen von Schwachsinn.«

Ist deiner Meinung nach eine Bindung zwischen christlichen und unchristlichen Partnern möglich? Wenn ja, warum? Wenn nein, warum nicht?
Eine Ehe zwischen Christ und Nichtchrist ist möglich, weil die Ehe eine weltliche Angelegenheit ist. Sie ist schwierig, weil die Partner in der wichtigsten Frage des Lebens uneinig sind. Deshalb warnt die Bibel davor, dass ein Gläubiger einen Ungläubigen heiratet. »Zieht nicht am gleichen Joch mit den Ungläubigen.« (2Kor 6,14) Wenn es ein Joch gibt, das man gemeinsam ziehen muss, dann ist es das Joch der Ehe. Bitte Gott, dass er dir einen gläubigen Partner schickt.

Ist das Leichentuch von Christus, wo das Negativ drauf ist, echt oder nicht? Ist es eine Erfindung der Kirche?
Unecht. Aber Jesus, der ist echt. Die beste Erfindung Gottes!

Warum gibt es die Kirche?
Weil Gott es so gewollt hat, damit die Menschen von Gott hören, zu Gott finden und bei Gott bleiben können.

Darf man Blutwurst essen?
Wer Blutwurst isst, der ist kein Christ,
so sagen manche Leute.
Die Bibel sagt: Kannst alles essen,
darfst nur das eine nicht vergessen:
Dass du auf dem falschen Wege bist,
wenn du mit schlechtem Gewissen isst.
Also:
Hast du Bedenken, dann lass es sein.
Hast du keine, na dann hau rein.

Und ob Bier oder Brause für den Durst,
das ist bei Jesus völlig Wurst.
Hauptsache, dass alles aus Glauben geschieht.
In diesem Sinne: Guten Appetit!

Wenn man als Christ mit einem Jungen/Mädchen zusammen ist, ist das gefährlich?
Nee, das ist herrlich! Die Liebe ist das schönste, das stärkste Gefühl und Erlebnis, das es gibt. Die Bibel sagt: Die Liebe ist stark wie der Tod. Wenn Gott dir dieses starke Erlebnis schenkt, dann sei erst mal dankbar, bevor du an Gefahren denkst. Klar – wo so ein Feuer brennt, da kann es gefährlich werden, da muss man schon aufpassen. Deshalb hat Gott für das Zusammensein der Geschlechter bestimmte Regeln aufgestellt, z.B. das 6. Gebot. Wenn du dich daran hältst, hältst du die Gefahren aus.

Musik ist zu laut! Die Seele will zart geweckt werden.
Musik ist Balsam für die Seele,
doch der Gesang geht durch die Kehle.
Es ist natürlich wahr: die Alten,
die singen meistens mehr verhalten.
Worauf ich aber kräftig poche:
Hier läuft jetzt eine Jugendwoche.
Die Jugend liebt nun mal Getöse.
Ich bitte euch, seid uns nicht böse,
weil es die Jugend lauter will.
Ab Sonntag ist's hier wieder still.

Hat jeder Mensch einen Schutzengel?
Ob jeder Mensch, davon sagt die Bibel nichts, aber Jesus sagt, dass jedes Kind einen Engel hat. (Mt 18,10)

Glauben Sie an die Taufe im Heiligen Geist?

Nein. Ich glaube nur an das, was es gibt, und eine Taufe im Heiligen Geist gibt es in der Bibel nicht. Ich halte mich an das Glaubensbekenntnis der Kirche, und das heißt: »Ich bekenne die eine Taufe zur Vergebung der Sünden.« Die habe ich als Kind empfangen, da habe ich den Heiligen Geist empfangen.

Die Kirche ist etwas schönes nur das gerede gefalt mir nicht.
Deine Meinungsäußerung ist etwas Schönes, nur deine Rechtschreibung gefällt mir nicht. Nobody is perfect. Niemand ist vollkommen.

Was ist mit dem Menschen, der versucht an Gott und Jesus zu glauben, ihn aber einfach nicht spüren oder wahrnehmen kann? Ist dieser Mensch verloren?
Nein, er ist nicht verloren. Wenn er glauben will, ist er ja auf dem Wege. Wie der Mann, der zu Jesus sagte: »Herr, ich glaube, hilf meinem Unglauben.« Ich muss nur dazu sagen; er macht einen Fehler, weil er Gefühle zum Maßstab des Glaubens macht. In der Bibel steht: Wir sollen glauben, dass es Gott gibt, dass er uns liebt. Wir sollen ihm alles zutrauen, alles von ihm erwarten, ihm in allem gehorchen. Wer das tut, bekommt Glaubensgewissheit, auch ohne Gefühle. Ich möchte dir Mut machen, denn Gott hat versprochen: »Wenn ihr mich von ganzem Herzen sucht, dann will ich mich finden lassen.«

Ist Gott schwul?
Nee, aber wenn du's bist, kann er dich davon befreien.

Ist Beten auch eine Art Meditation?
Meditation ist Nachdenken über Gott. Beten ist Reden mit Gott.

Ist deine Brille von Fielmann?
Nein, die ist von Vorteil.

Meiner Meinung nach ist der Glaube, es gäbe keine Außerirdischen, eine arrogante Selbstüberhebung.
Es geht hier nicht um Arroganz, sondern um ganz sachliche Fragen der Naturwissenschaft. Es geht also auch nicht um eine Frage des Glaubens. Die Bibel behauptet nirgends, dass wir die einzigen Lebewesen im Universum sind, und ich habe das auch nicht behauptet. Im Gegenteil: Die Bibel spricht von Dämonen und Engeln, also von Wesen, die unter ganz anderen Bedingungen existieren als wir. Und wenn sich herausstellen sollte, dass Gott irgendwo im Universum noch ein paar andere Experimente laufen hat, würde das unseren Glauben an Gottes Größe nicht im geringsten erschüttern, sondern gewaltig vergrößern.

Uns ist aufgefallen, dass wir im Gottesdienst immer die gleichen Lieder und Lieder mit relativ einfachem, wiederholendem Text singen. Könnt ihr das nicht ändern?
Wir könnten, aber wir wollen nicht. Wir wollen hier solche Menschen erreichen, die in die üblichen Gottesdienste nicht kommen, weil sie dort mit der Liturgie, den Liedern usw. nicht zurecht kommen. Das hier ist ein Gottesdienst für Anfänger. Wir möchten, dass hier jeder gleich mitsingen kann und jedes Kind versteht, worum sich's dreht. Hier dreht sich's um ein Thema: Gott will alle.
Kein Mensch ist Gott zu gut, zu schlecht.
Wer zu ihm kommt, der ist ihm recht.
Gott will alle.

Neulich lernte ich einen jungen Mann kennen, der zur Neuapostolischen Kirche gehört. Er meint, dadurch, dass der Apostel Paulus das Christentum nach Europa brachte, wären nur sie die später wirklich Erlösten. Stimmt das?
Nein, das stimmt nicht. Lass dich nicht irre machen durch das, was die Sekte der Neuapostolischen sagt. Halte dich an

das, was der Apostel Paulus sagt: »Wer die Botschaft vom Kreuz annimmt, der ist erlöst« (1Kor 1,21). Deine Erlösung hängt nicht von irgendwelchen Aposteln, sondern einzig und allein von Jesus ab.

Was machen Sie, wenn Sie mal enttäuscht worden sind? Von Gott oder von einem Menschen?
Mit Gott reden. Ich kann mir ein Leben ohne Gebet nicht vorstellen.

Der Theodor, der Theodor,
der steht bei uns im Fußballtor.
Wie die Frage kommt, wie die Frage fällt,
der Theo Lehmann hält.

Mir geht es nicht ums Fußballtor,
mir gehts ums Tor zur Ewigkeit.
Da stehst du eines Tag's davor.
Sei heute schon dazu bereit.

Sollen wir bei Kriegen nur zusehen, oder sollen wir uns für eine Schlichtung einsetzen, obwohl es ein Zeichen der Endzeit ist (Mt 24,6)?
Es gibt noch mehr Zeichen der Endzeit, z. B. steht gleich im nächsten Vers: Hungersnöte. Da gucken wir ja auch nicht tatenlos zu, sondern tun was dagegen. Das Argument: »Kriege sind Zeichen der Endzeit, da kann und braucht man nichts dagegen zu tun«, ist pervers. Bei Kriegen nur zusehen, ist unchristlich und unmenschlich. Als Christen sind wir verpflichtet, uns für Schlichtung und Frieden einzusetzen. Wir Christen wissen, dass es nie eine Welt ohne Kriege geben wird. Wirklicher Friede wird erst sein, wenn Jesus wiederkommt. Das heißt aber nicht, dass wir den Krieg und die Sünde als normal akzeptieren, sondern als der Norm Gottes widersprechend ablehnen.

Wann geht die Welt unter?
Außer Gott weiß das niemand, nicht mal Jesus. Alle, die behaupten, es zu wissen, wie z. B. die Zeugen Jehovas, sind Betrüger. Die haben die Welt schon mehrmals belogen und ein Datum angegeben, das nicht gestimmt hat.

Darf man als Christ einen Tanzkurs mitmachen, mit einem ungläubigen Partner?
Ja. Bein Tanzkurs ist egal, ob der andere Christ ist. Hauptsache, er ist ein guter Tänzer.

Angenommen: Ein Hilfloser wird von mehreren Halbstarken zusammengeschlagen. Ich komme dazu (allein), möchte irgendwie helfen. Ich habe aber solche Angst, dass ich mich aus dem Staube mache. Was rätst du mir, wenn ich wieder in so eine Situation komme?
Dazu kann ich nur sagen: Ich kenne diese Situation genau wie du. Ich habe die gleiche Angst wie du. Ich bin genauso ratlos wie du. Ich hasse die Gewalt. Ich fürchte die Gewalt. Ich habe bisher in solchen Situationen genauso versagt und werde wieder feige versagen, wenn mir Gott nicht eine Sonderzuteilung Mut gibt.

Wie ist das bei Frauen, dürfen die Abendmahl austeilen? Und wie ist das bei Pastorinnen, hat Gott für das Hirtenamt nicht immer Männer auserwählt?
Ja, manche Kirchen, wie die sächsische, haben sich in diesem Punkt von Jesus getrennt und Frauen das Hirtenamt mit der Sakramentsverwaltung übertragen. Mit der Mehrheit der Weltchristenheit halte ich das für unbiblisch.

Welches war in den bisherigen Jugendgottesdiensten die höchste Kollekte, und wann war das?
Das war im April 1986: 11.138,83 Mark.

Schließen sich die ganze Zugehörigkeit zu Jesus und der Besuch von Discos aus?
Nein. Wenn du dich aber für das, was du in der Disco erlebst, tust und hörst nicht bei Jesus bedanken kannst, kannst du sicher sein, dass du auf dem falschen Dampfer bist. Die Bibel gibt dir einen guten Maßstab:
»Freue dich, junger Mann, in deiner Jugend und lass dein Herz guter Dinge sein in deinen jungen Tagen. Tu, was du willst und was deinen Augen gefällt. Aber bedenke, dass dich Gott um das alles vor Gericht ziehen wird.« (Pred 11,9)

Als du in Bayern gepredigt hast – merktest du einen Unterschied zwischen Bayern und Sachsen?
Ja. Mir ist aufgefallen: Die Bayern sprechen bayrisch, die Sachsen sächsisch. Aber das Großartige ist: Gottes Wort spricht alle Menschen an.

Können Faschingsfeiern in unseren Jungen Gemeinden aus biblischer Sicht gemacht werden?
Kommt drauf an, wie gefeiert wird. Wenn's zuviel Alkohol gibt und einer dem anderen die Freundin ausspannt, dann bestimmt nicht. Die 10 Gebote Gottes gelten auch für die Faschingszeit.
Ansonsten sehe ich das nicht so verbissen. Fasching kommt zwar aus dem Heidentum (z.B. Helau heißt: Fahr zur Hölle), aber aus dem Heidentum kommen auch die Glocken und die Orgeln. Es kommt immer darauf an, wie ich als Christ etwas verwende.
Wir leben in einer Zeit und in einem Land, wo es nicht viel zu lachen gibt, da ist ein Faschingsabend in der Jungen Gemeinde mit unbeschwerter Fröhlichkeit ein echter Beitrag.

Natürlich dürfen Christen lachen.
Drum dürfen sie auch Fasching machen.

Doch Sex und Saufen sind tabu,
denn Gott drückt nie ein Auge zu.
Tata! Tata!

Wo ist meine Freundin?
Genau dort, wo du auch bist: In der Pubertät.

Was ist Heiligung?
Gott ist heilig. Was Gott in seinen Dienst nimmt, ist auch heilig.
Deshalb nennt die Bibel die Christen Heilige. Das, was du tust, macht dich nicht heilig. Sondern weil Gott dich durch Jesus heilig gemacht hat, kannst du das machen, was Gott will. Wenn du ein Kind Gottes. geworden bist, fängst du an, nach dem Willen Gottes zu leben. Das ist Heiligung.

Warum gibt es auf dieser Welt soviel Ungerechtigkeit?
Weil so viele Menschen Gott nicht gehorchen. Als Christen, die Gott gehorchen, sind wir verpflichtet, gegen Ungerechtigkeit etwas zu tun.

Theo, wie hast du deine Frau kennen gelernt?
Das war wie im Traum. Da war ich so verliebt und bin so geschwebt, dass ich gar nicht richtig bei Besinnung war. Deshalb kann ich mich auf Einzelheiten gar nicht mehr besinnen.

In einer Sportstunde sagt jemand zu mir: »Wenn es nur regnen würde! Lege nur mal ein gutes Wort da oben ein.« Wie hättest du reagiert?
Vermutlich gar nicht oder mit irgendwelchem hilflosen Rumgestammel.
In solchen Situationen, wo wir mit unserem Glauben auf die Schippe genommen werden, fällt mir meistens nichts ein.
Hinterher habe ich manchmal die gepfeffertsten Ideen, wie

ich dem andern hätte das Maul stopfen können. In dem von dir geschilderten Fall fällt mir nicht mal hinterher was ein. Das kann man nur so erklären: Entweder bin ich zu dumm, oder ist die Bemerkung des anderen zu dumm.

Verdienen wir als Volk noch die christlichen Feiertage?
Wir verdienen sie nicht, obwohl wir sie nötig haben. Statt dessen wollen wir an diesen Tagen lieber Geld verdienen, obwohl wir das nicht nötig haben.

Ich hasse Ausländer über alles. Ich bin Christ und weiß, dass ich als Christ nicht so denken darf. Trotzdem werde ich mit diesem Hass nicht fertig. Was kann ich dagegen tun?
Stelle deine Gefühle und Gedanken unter den Gehorsam von Christus. Stelle diese Bereiche deines Lebens bewusst unter seine Herrschaft.

Ist Rauchen Sünde?
Rauchen ist genauso wenig Sünde wie Schokolade essen. Beides kann Sünde werden, wenn's übertrieben wird. Ein Christ mit Fresssucht lebt genauso verkehrt wie einer mit Nikotinsucht. Ich halte es mit Spurgeon, der auf die Frage, ob es ein Gebot gibt, das das Rauchen verbietet, geantwortet hat: Ich habe genug zu tun, die 10 Gebote zu halten. Bis ich auf das 11. stoße, will ich noch zur Ehre Gottes eine Zigarre rauchen.

Muss man den Zehnten auch geben, wenn es nicht von Herzen kommt?
Der Zehnte ist freiwillig. Wenn du einmal beschlossen hast, ihn zu geben, dann gib ihn, unabhängig vom Zustand deines Herzens und deiner Finanzen. Gerade wenn du wenig hast und trotzdem gibst, wirst du erleben, dass Gott dich nicht hängen lässt. Er will dich ja nicht ausbeuten, sondern segnen! Gib ihm dazu Gelegenheit!

Wie kann man die falschen Propheten erkennen und entlarven?
Wenn man von Gott die Gabe der Unterscheidung der Geister bekommen hat. Diese Gabe besteht übrigens zum großen Teil aus Bibelkenntnis.

Sind Sie umweltbewusst? Trinken Sie Bier aus Büchsen oder aus Flaschen?
Aus Durst. Aber wenn schon naschen, dann aus Flaschen. Mein Keller sieht manchmal aus wie eine Wertstoffsammlung – lauter Kartons für Papier und Glas und Metall und Ökotöpfe überall. Ich mach das vor allem wegen meiner Kinder und Enkel. Ich hau ja bald ab von diesem Planeten, aber um der Jungschen willen, die noch 'ne Weile hier unten 'rumkrauchen müssen, mach ich das. Und da finde ich es echt schade, dass viele junge Leute sehr lässig mit Energie und Müll und Rohstoff umgehen.

Ein Pfarrer von hier behauptet, vor der Ehe darf man nicht küssen! Stimmt das??? Unbedingt antworten!!!
Ich habe!

Werden Menschen, wie Rosa Luxemburg, in den Himmel kommen, überhaupt Menschen, die ihr Leben mit dem Herzen in der Hand gelebt haben und soviel Gutes verbreitet haben, sich aber der Anwesenheit Gottes nicht bewusst geworden sind?
Nein. Wer ein Leben lang nicht in den Himmel wollte und Gott abgelehnt hat, den wird Gott nicht zwingen, das ewige Leben bei ihm zu verbringen. Im übrigen ist es eine Beleidigung von Rosa Luxemburg, ihr zu unterstellen, ihr wäre die Anwesenheit Gottes nicht bewusst geworden. Rosa Luxemburg war eine hochbegabte, hochintelligente Frau. Wer ein so hoch entwickeltes Bewusstsein hat wie Rosa Luxemburg, der fällt seine Entscheidung gegen Gott mit vollem Bewusstsein und ist dafür voll verantwortlich.

Ist Fremdgehen eine Sünde?
Ja. Diese Sünde schließt vom Reich Gottes aus. Lass von dieser Sünde und lass sie dir vergeben.

Wie soll ich das verstehen: Wenn du nicht deine Mutter, Vater, Bruder, Schwester hasst, kannst du nicht mein Jünger sein!
»Hassen« bedeutet hier »in seiner Liebe an die zweite Stelle setzen«. Es geht hier also nicht um ein Gefühl dem anderen gegenüber, sondern um die Frage, an welche Stelle du ihn setzt. Jesus meint: Er will in deinem Leben Nr. 1 sein.

Folgende Frage steht auf einem Zettelchen, das so groß ist, dass nur die folgenden Wörter Platz haben:

Ist Spicken und Abgucken Sünde?
Ja, aber eine genauso kleine wie dein Zettel.

Mein Relilehrer hat mich gefragt, wo der Unterschied besteht, ob ich für meine Entscheidungen Jesus Christus frage oder z.B. ein Pendel oder so was. Was hältst du davon?
Dass dein Relilehrer für den Beruf eines Religionslehrers disqualifiziert ist, weil er noch nicht einmal den Unterschied zwischen Gott und Teufel, Glaube und Aberglaube kennt. Wenn du pendelst oder so was machst wie Kartenlegen, Handlesen usw., ist das Okkultismus, also vom Teufel, und du wirst mit deiner Seele dafür bezahlen. Wenn du dich mit so was eingelassen hast, lass dich von einem Seelsorger freisprechen im Namen von Jesus, lass ihn deinen Herrn sein und mache alle Entscheidungen von ihm abhängig und nicht von einem Stück totem Metall, das an einem Bindfaden hängt. Damit hängst du in der Schlinge des Teufels.

Was war Ihr schönstes Erlebnis mit Gott?
Als ich nach dem Herzinfarkt in der Klinik aufwachte und begriff, dass Gott mich am Leben gelassen hat.

Kommen Tiere in den Himmel?
Weiß nicht. Die Bibel sagt nichts genaues darüber. Sie sagt aber ganz genau, dass der Mensch in den Himmel kommen kann und wie: wenn er an Jesus glaubt.

Es gibt viel was man weis aber noch mehr was man nicht weis!!
Ja, du weißt z.B. noch nicht, dass man das Wort »weiß« mit »ß« schreibt.

Darf man sich als Christ mit Schwulen abgeben?
Na klar! Ich war jahrelang mit einem Homosexuellen befreundet. Als er aus dem Zuchthaus kam, hat er bei mir gewohnt. Er war Atheist, aber ich war der einzige Mensch auf der Welt, zu dem er Vertrauen hatte. Als er starb, hat er mich als Alleinerben eingesetzt. Ich erzähle das, damit ihr seht, dass das keine oberflächliche Freundschaft war. Es war aber zwischen uns klar, dass ich auf dem Standpunkt der Bibel stehe, dass praktizierte Homosexualität Sünde ist, die vom Reich Gottes ausschließt. Das schließt aber doch nicht aus, dass wir mit homosexuellen Menschen Kontakte und Freundschaft haben können.

Wie passt das Bild vom strafenden Gott und das Bild vom liebenden, versöhnlichen Gott zusammen?
Überhaupt nicht! Es geht aber nicht um ein Bild, dass wir uns von Gott machen, sondern um die Wirklichkeit Gottes, wie sie uns durch die Bibel offenbar gemacht wird. Die Wirklichkeit ist: Gott ist heilig. Seine Heiligkeit verlangt Bestrafung der Sünde des Menschen. Damit passt die Liebe zum Menschen nicht zusammen. Das Problem ist logisch nicht lösbar. Gott hat es trotzdem gelöst – nicht mit Logik, sondern mit Liebe – am Kreuz. Dort trifft Strafe und Liebe in einem Punkt zusammen: Jesus. Gott vollzieht die Strafe an seinem Sohn. Was von uns aus unvorstellbar ist, ist bei Gott möglich. Kein Mensch konnte das Kreuz erfinden. Da konnte bloß Gott drauf kommen.

Was hältst du von einer Freundschaft zwischen Junge und Mädchen? Und ab wann?
Solche Freundschaften sind etwas Normales und etwas Wunderbares. Es gibt dafür keine Zeitbegrenzung, aber eine Sachgrenze, nämlich: Sex gehört da nicht rein. Tu nichts, was du später vor Gott und vor deinem zukünftigen Ehepartner bereuen müsstest, falls eure Freundschaft mal auseinandergeht. Also:. Händchen halten und Abstand halten.

Was mögen Sie als echter Karl-Marx-Städter am liebsten für Essen?
Erstens bin ich kein Karl-Marx-Städter, sondern Chemnitzer, zweitens bin ich kein echter Chemnitzer, sondern Dresdner, drittens: Spaghetti.

Was wird für junge Künstler getan, die für Gott leben und unter Kirchenhierarchie leiden?
Die müssen eben auch Lebenskünstler werden.

Haben Sie auch schon ein Baby bekommen?
Nein, das war bei mir aus anatomischen Gründen nicht möglich. Aber mir ist was passiert, was aus Vernunftgründen nicht möglich war – ich bin als Kind Gottes neu geboren worden. Meine Frage an dich: Bist du wiedergeboren?

Was erwiderst du auf die Behauptung, die Religion sei nur dazu da, die Menschen zu vertrösten und von ihren Nöten abzulenken?
Wer das behauptet, beweist nur, dass er weder das Wesen der Religion noch das Wesen des Menschen verstanden hat.
Nichts hat die Geschichte der Menschheit, ihre Entwicklung, Kunst und Kultur so geprägt wie die Religion.
Was nun speziell das Christentum betrifft, so haut die Behauptung von der Vertröstung und Ablenkung von Nöten gleich gar nicht hin. Als Jesus mal die Bibel in einem einzigen

Satz zusammenfasst, sagt er: »Du sollst Gott von ganzem Herzen lieben und deinen Nächsten wie dich selbst.«
Die wichtigste Konsequenz des Glaubens ist also nicht, von den Nöten des Nächsten abzulenken, sondern auf die Nöte des Nächsten hinzulenken. Jesus erlaubt uns nicht, als Hans-guck-in-die-Luft unsere Nasen nach oben in den Himmel zu recken, sondern er tunkt uns mit unseren Nasen nach unten in die Probleme unseres Mitmenschen.
Einen Glauben, in dem die Nächstenliebe eine solche Rolle spielt, als Vertröstung zu bezeichnen, ist Böswilligkeit.

Welchen Schwerpunkt sollte die Kirche setzen, um die Menschen zu erreichen? Was wäre dein Wunsch für die Kirche?
Dass sie die Bibel als einzige und oberste Autorität respektiert.
Dass sie den Missionsbefehl ausführt.

Warum schmeckt mir Cola, aber Gott nicht?
Weil Gott kein süßliches Gesöff ist, sondern herbfrisches Quellwasser mit einem bitteren Beigeschmack für Leute wie dich, die den heiligen Gott mit 'ner Coladose verwechseln.

Ist es erlaubt, mit jemand zu schlafen, den man nicht so gut kennt?
Ja, natürlich ist das erlaubt – bei Meerschweinchen, Eintagsfliegen und Maikäfern. Du bist aber kein Maikäfer, sondern ein Mensch, von Gott geschaffen, und zwar nicht nur mit einem Unterleib, sondern auch mit was oben drauf – Kopf mit Verstand, Herz mit Verantwortungsgefühl, Wille mit Beherrschungsvermögen. Das alles gehört bei der Liebe mit dazu. Mit jemandem schlafen steht nicht am Anfang einer Beziehung, wenn man sich noch nicht gut kennt, sondern ist der Höhepunkt einer Beziehung, nachdem man sich so gut kennen gelernt hat, dass man beschlossen hat, sich zu heiraten. Sich nicht kennen und zusammen pennen ist blöde, unmenschlich und viehisch. Blöde, weil es die Liebe auf Sex reduziert. Unmenschlich, weil es den anderen zum

Lustobjekt degradiert. Und viehisch, weil das Maikäfergesinnung ist, eines Menschen unwürdig.

Warum helft ihr mir nicht?
Weil wir keine Hellseher sind. Wir wissen nicht, was dein Problem ist. Das musst du uns erst mal sagen. Am besten, du sagst es Jesus. Da bist du an der richtigen Adresse.

Woher nimmst du die Gewissheit, dass die Bibel Gottes Wort und wahr ist?
Erstens aus der Bibel, die sagt: »Dein Wort ist nichts als Wahrheit.« (Ps 119,160), zweitens von Jesus, der von sich sagt: »Ich bin die Wahrheit.« (Joh 14,6) und drittens aus den hundertfachen Erfahrungen, die ich ein Leben lang mit der Bibel gemacht habe. Ich erlebe nun schon zum dritten Mal in meinem Leben, wie Schul- und Geschichtsbücher umgeschrieben werden. Die Bibel ist nicht aller Nasen lang umgeschrieben worden. Die Wahrheit hat die Anpassung nicht nötig. Die Wahrheit, dass du ein verlorener Sünder bist, dass du von Gott geliebt bist und dass du von Gott eingeladen bist, gilt immer.

Warum gibt es Gott und Teufel?
Es gibt Gott und es gibt den Teufel, das ist so. Und du musst dich entscheiden, wem von beiden du dienen willst. Einem dienst du: Gott oder dem Teufel.

Hast du eigentlich nur einen Anzug oder wechselst du auch mal?
Ich habe noch einen Schlafanzug, aber in dem wollte ich nicht hierher kommen.

Sagen Sie das 1 x 1 auf.
Einmal Eins ist Eins. Zwei mal Zwei ist Vier,
doch eins, mein Freund, das sag ich dir:
Bin nicht zum Zahlenzählen hier.

Ich will dir was von Gott erzählen,
und du sollst Gott als Herrn dir wählen.
Das Einmaleins ist gut und nützlich,
doch ist nur eins im Leben wichtig!
Das Einzige, was wirklich zählt:
Wenn einer sich zu Jesus hält.

Wie kann man jemandem helfen, der dem Satan verschrieben ist?
Für ihn beten. Ihm sagen, dass er zu einem Seelsorger gehen soll.

Morgen 19:30 Bombendrohung. Kein Scherz!
Es ist jetzt 19:52 und nichts ist passiert. Es war also doch ein Scherz. Allerdings der blödeste Scherz, den ich in letzter Zeit erlebt habe. Ich finde es ätzend, dass es in Deutschland junge Menschen gibt, die so tief gesunken sind, dass sie mit so was Scherze machen. Ich wünsche dir, dem Schreiber, dass du heute Jesus findest. Dann bekommst du den Heiligen Geist, der dich auf neue, gute Gedanken bringt. Gottes Liebe geht auf über dir!

Was mach ich nur? Ich bin im Mitarbeiterkreis und gehe in die Gebetsstunde, aber ich kann einfach nicht vor Leuten laut beten. Wie bekomme ich den Mut und die Kraft dazu?
Lass dich doch nicht verrückt machen von Leuten, die lauter, freier, schneller, frömmer, länger beten können als du. Wo steht, dass jeder laut beten muss? Wenn Gott dich eines Tages laut beten lässt, ist es gut. Wenn nicht, ist es auch gut. Mach doch keinen Krampf. Sei so, wie du bist und glaube fest, wie im Psalm 66,20 steht, dass Gott dein Gebet nicht verwirft.

Ich vertraue Jesus und glaube an den Herrn, höre aber Heavy Metal, und nicht nur christliche. Sündige ich damit vor Jesus?
Ich glaub nicht, dass es Jesus stört
wenn einer Heavy Metal hört.

Du wirst erst zum Bekehrungsfall,
wenn dein Herz hart ist wie Metall.

Herr Lehmann, können Sie auch so gut Waschmittel verkaufen?
Na klar, ich bin Waschmittelverkäufer.
Das Waschmittel, das ich anbiete, ist kostenlos.
Es ist das einzige Waschmittel der Welt, das es gegen den Dreck der Sünde gibt.
Seine Farbe ist rot.
Sein Firmenzeichen ist das Kreuz.
Sein Produzent ist Jesus.
Der Werbeslogan der Bibel für dieses Waschmittel heißt:
»Das Blut von Jesus Christus macht uns sauber von jeder Sünde.«

Wie ist es, wenn ich ein Mädchen gern habe, ihr es aber nicht sagen kann, weil ich glaube, dass es zu zeitig ist?
Kannst du dem Mädchen, das du liebst,
noch nichts von deiner Liebe sagen,
kannst du ihr doch galanterweise
zunächst einmal die Tasche tragen.
Beschränk dich auf die Zeichensprache,
benutze Blicke und Gebärden,
die von dem Weib normalerweise
auch ohne Wort verstanden werden.

Ich finde, dass Sie sich bei allen Anschuldigungen mit klugen Sprüchen rausreden.
Das ist die erste wirkliche Anschuldigung, die ich hier erhalte. Ich bin klug genug, mich nicht dazu zu äußern.

Was macht Gott die ganze Zeit da oben im Himmel?
Warten. Auf dich.

Verrückt vor Liebe